双高职业院校建设

U0569664

新时代中职传统文化教育指南

——中华优秀传统文化与人生发展

总主编 钟建康

主　编 茅梦婕　傅俐俐　周烨烨

副主编 王玮炜　漏佳妮　陈　唯　季璐迪

浙江工商大学出版社
ZHEJIANG GONGSHANG UNIVERSITY PRESS

图书在版编目(CIP)数据

新时代中职传统文化教育指南:中华优秀传统文化
与人生发展 / 茅梦婕,傅俐俐,周烨烨主编;王玮炜等
副主编. — 杭州:浙江工商大学出版社,2023.10
ISBN 978-7-5178-5730-3

Ⅰ. ①新… Ⅱ. ①茅… ②傅… ③周… ④王… Ⅲ.
①中华文化—中等专业学校—教材 Ⅳ. ①G634.301

中国国家版本馆CIP数据核字(2023)第179028号

新时代中职传统文化教育指南——中华优秀传统文化与人生发展

XINSHIDAI ZHONGZHI CHUANTONG WENHUA JIAOYU ZHINAN——ZHONGHUA YOUXIU
CHUANTONG WENHUA YU RENSHENG FAZHAN

主编 茅梦婕　傅俐俐　周烨烨　副主编 王玮炜　漏佳妮　陈唯　季璐迪

责任编辑	厉　勇
责任校对	夏湘娣
封面设计	王亚英
责任印制	包建辉
出版发行	浙江工商大学出版社
	(杭州市教工路198号　邮政编码310012)
	(E-mail:zjgsupress@163.com)
	(网址:http://www.zjgsupress.com)
	电话:0571-88904980,88831806(传真)
排　　版	杭州朝曦图文设计有限公司
印　　刷	杭州高腾印务有限公司
开　　本	787mm×1092mm　1/16
印　　张	7
字　　数	96千
版印次	2023年10月第1版　2023年10月第1次印刷
书　　号	ISBN 978-7-5178-5730-3
定　　价	28.00元

本书编委会

总主编:钟建康

主　编:茅梦婕　　傅俐俐　　周烨烨

副主编:王玮炜　　漏佳妮　　陈　唯　　季璐迪

编　委:朱晨曦　　屠亚红　　田林英

 # 前　言

千百年来,中华文化一直强调"德"这一品质。习近平总书记也用"国无德不兴,人无德不立""四维不张,国乃灭亡"等话语来强调"德"的重要性。崇德必然要修德,中华传统文化十分重视个体对道德的培养和理想人格的塑造。

本教材以蕴含中华优秀传统文化的经典文献为视域,以儒家文化为主体,兼取诸子百家及其他合适的经典内容,深入挖掘中华优秀传统文化所蕴含的思想观念、人文精神和道德规范,从个人品德提升角度建构多维度道德课程体系,引导学生深刻理解中华优秀传统文化的思想精华与人生发展的关系。

本教材以立德树人为根本任务,充分运用中华优秀传统文化的丰富资源,以培根铸魂、启智润心,引导中职学生坚定信念,厚植爱国情怀,并努力成为明大德、立大志、成大才、担大任的新时代中职人。

目 录

壹 修德正身，知晓事理

　　我们可以把修德看作是对一个有德之人的人生价值最高、最完美的概括。只有先修身，才能齐家治国平天下，而修德又是修身的首要任务，这说明了修德的重要性。作为一名学生，提高自身修养，就是为了把自己培养成国家和社会发展所需要的人才，就是为了能担负起中华民族伟大复兴的重任。作为当代学生，未来必将肩负起国家现代化建设的重担，加强自身的道德修养如今正当时。

吟诵经典

古之欲明明德于天下者,先治其国;欲治其国者,先齐其家;欲齐其家者,先修其身;欲修其身者,先正其心;欲正其心者,先诚其意;欲诚其意者,先致其知,致知在格物。物格而后知至,知至而后意诚,意诚而后心正,心正而后身修,身修而后家齐,家齐而后国治,国治而后天下平。自天子以至于庶人,壹是皆以修身为本。

——《礼记·大学》

通晓大义

古代那些要想在天下弘扬品德的人,先要治理好自己的国家;要想治理好自己的国家,先要管理好自己的家庭和家族;要想管理好自己的家庭和家族,先要修养自身的品性;要想修养自身的品性,先要端正自己的心思;要想端正自己的心思,先要使自己的意念真诚;要想使自己的意念真诚,先要使自己获得知识,获得知识的途径在于认识、研究万事万物。通过对万事万物的认识、研究后才能获得知识,获得知识后意念才能真诚,意念真诚后心思才能端正,心思端正后才能修养品性,品性修养后才能管理好家庭和家族,管理好家庭和家族后才能治理好国家,治理好国家后天下才能太平。从天子到平民,都要以修养品性为根本。

导航人生

一、修德正身,锤炼品质

1.树立诚信,铸就人生成功的基石

　　人而无信,不知其可也。

——《论语·为政》

　　诚信是立身之本、处世之宝。所谓诚信精神,就是培养人的高尚品德、指引人们正确处理各种关系的重要道德准则。个人以诚立身,就能做到公正无私、不偏不倚;讲究信用,就能守法、受约束、取信于人,就能妥善处理好人与人、人与社会的关系。同时,诚实守信贵在践行。诚信作为一种道德规范,一个重要的表现便是言行一致、身体力行、信守承诺。

探究与分享

　　曾有一位老修锁匠修了一辈子的锁,他不仅技艺高超,而且收费公道,深得人们的敬重。更重要的是,老修锁匠为人正直,每修一把锁他都把自己的姓名和地址告诉别人,并说:"如果你家发生了盗窃事件,而且是用钥匙打开家门的话,那么你就来找我!"老修锁匠老了,为了让他的技艺不失传,人们都帮他物色徒弟。最后老修锁匠挑中了其中两个年轻人，准备将自己的技艺传授给他们。

一段时间后，两个年轻人都学到了不少技术。因为两个人当中只有一个人能得到真传，老修锁匠决定进行一次考试。老修锁匠分别在两个房间放了一个保险柜，让这两个徒弟去打开，看谁花的时间短谁就是胜者。大徒弟用了不到十分钟时间就打开了保险柜，而二徒弟却用了半小时，众人都以为大徒弟必胜无疑了。可当老修锁匠问大徒弟："你在保险柜里看到了什么？"大徒弟眼中放出了光亮，说："师父，里面有很多百元大钞。"老修锁匠询问二徒弟同样的问题，二徒弟支吾了半天，才说："师父，我没看里面有什么。您只让我打开锁，我就打开了锁。"

老修锁匠非常高兴，郑重地向人们宣布二徒弟为他的正式接班人。大徒弟很不服气，众人也不明白。老修锁匠微微一笑说："不管干哪一行都要讲一个字，那就是'信'，尤其是干我们这一行的，更要有高尚的职业道德。我收徒弟是想将他培养成一名技艺高超的修锁匠，因此他必须做到心中只有锁而无其他，对钱财视而不见。否则，稍有一丝贪心，登门入室或打开保险柜取钱那就易如反掌，最终只能害人害己。我们修锁人，每个人心上都要有一把不能打开的锁。"

①老修锁匠为什么让二徒弟成为自己的正式接班人？

②搜集和诚信有关的故事，并与同学分享。

在纷繁复杂、瞬息万变的现代社会，似乎很多事情都难以确定。火车会误点，飞机会失事，天气预报也难免会不准……你又怎么知道别人将要做什么呢？想一想，一个人能够获得别人的信任，那是多么值得珍惜的财富！

俗话说："上等之人，口说为凭；中等之人，立据为凭；下等之人，一无所凭。"从中可以看出，人们将"守信"视作衡量一个人思想境界、层次的重要指标。因此，大家对于守信的人往往是极为尊敬的。如果没有诚信，就会失道寡助，招致失败和厄运；如果拥有诚信并珍惜它，就会得道多助，人生道路也会越走越宽。

 拓展空间

诚信是公民基本道德规范和社会主义核心价值观的重要内容。诚信中国的建设需要你我共参与同努力。

 以"传承诚信美德"为主题，撰写演讲词，并组织演讲比赛。

2.崇尚正义，善养浩然正气

行义以正，事业以成。

——《荀子赋》

"义"作为"仁、义、礼、智、信"五常之一，是一种极其重要的道德理念。"义"不仅包含行为上的正当与公正，也包含社会制度评判上的合宜与公平。正义就是要不畏强势，不凌弱势，敢作敢为，能够坚持正道，勇于承认错误。

 拓展空间

在讨论什么是正义行为与非正义行为时，请你用关键词给出自己对两种行为特征的描述。

正义行为

非正义行为

正直意味着坚持自己的信念,包括有能力去坚守你认为正确的东西;正直意味着自觉自愿地服从法律规范。简单地说,这就是正直的核心,没有谁能强迫你按高标准要求自己,也没有谁能够勉强你突破自己的底线。

正直的人有一种内在的平静,具有抗挫性,能经受住挫折或者不公平的对待。正直还会给人带来很多好处,比如信任、友谊、钦佩和尊重等。为什么人们充满希望?人们对正直具有一种近乎本能的识别能力,而且不可抗拒地被其吸引,这也可以说是原因之一吧。

那我们该如何做一个正直的人呢?首先要锻炼自己做到在小事上完全诚实。就算我们要违心地讲话时,也不能谎话连篇,不要传播那些流言蜚语,等等。或许这些事听起来微不足道,可当你真正走在寻求正直的道路上时,它本身的力量就会令人信服。我们会明白,每一件有价值的事,都包含不容违背的正直内涵。

3.尊重他人，讲求谦恭礼让

不知礼，无以立也。

——《论语》

中国自古即为礼仪之邦，在社会人际关系中特别强调"礼仪"，要求待人恭敬热情，懂得关心人、尊重人，讲求宽容，以和为贵，与人为善，以德报怨。

有句话说："怨不期深浅，其于伤心。"这句话的意思是：结怨不在于深浅，而在于是否恰恰伤了别人的心。这句话说出了交友之道的微妙。有时候，一个人若损失了一些金钱，可能还是无关紧要的；若他的自尊心受到了严重的挫伤，那对他的人生发展就会产生巨大的影响。金钱上的损失是可以弥补的，而心灵受到的伤害却是难以治愈的。也许，你说的一句话，本身没有伤人的意思，但是这句话在别人听来，是那样的刺耳，他听后可能会崩溃。所谓"言者无心，听者有意"，说不定你和亲密的朋友从此分道扬镳，甚至反目成仇。

阅读感悟

一个人找朋友联络感情，两人对弈。一开始，他就展开猛攻猛杀，搞得朋友顾前不顾后，表情十分紧张。而且，他自以为棋艺高超，特意露了一个破绽。朋友发现后马上进攻，谁料他使出必杀技，还得意地说"你死定了"，把朋友整得灰心丧气的。朋友显然不大高兴。此后，这个人再去找朋友下棋，人家就一副爱答不理的样子，再也不肯和他下棋了。他却始终不明白他们之间出了什么问题。

本来是一场愉快、轻松的友谊赛，却搞得紧张不堪。他赢了棋，却失去了朋友。可见交朋友，不仅要宽容待人，还要控制自己的好胜心。朋友的自尊伤害不得。

没有尊重就没有友谊。一个人不可能十全十美,倘若朋友在某些方面有缺陷,我们没有必要用轻蔑和傲慢去代替可贵的"尊重"。我们没有理由要求朋友这样做或那样做,因为有时我们自己也不曾做到。我们在处理人际关系时,既要尊重自己,不盲目附和他人,也不能因凸显个性而不尊重他人,而要正确处理竞争与合作的关系,互相关心,共同进步。

4.自强不息,提升自身修为

天行健,君子以自强不息。

——《周易·乾》

自强不息,就是要志向远大、奋发向上,就是不满足于自己已有的发展水平和已取得的成绩。自强自立表现为具有极强的自信心,以及具有强烈的社会、家庭和个人的责任感,是一种为国家、为社会、为人民、为事业而奋发进取的精神。自强自立、自强不息、勇于开拓进取的精神,是中华民族生生不息、永不衰竭的力量源泉。纵观古今中外,凡是能够坚持生存、持续发展者,都具有强烈的自强不息意识和开拓进取精神。

阅读感悟

张海迪五岁时因患脊髓血管瘤,高位截瘫。她因此没进学校学习,童年起就开始以顽强的毅力自学知识,先后自学了小学、中学和大学的专业课程。张海迪十五岁时随父母下放到聊城莘县一个贫穷的小村子,她没有惧怕艰苦的生活,而是以乐观向上的精神奉献自己的青春。在那里,她教村里小学的孩子们读书,并且克服困难,努力学习医学知识,热心用针灸为乡亲们治病。在莘县期间,她无偿诊治一万多人次,受到人们的赞誉。

古代先贤也十分注重自身的德行修养,讲究自省、内省。曾子提出"吾日三省吾身"的"三省说"，逐渐成为人们品行修养的重要原则。孟子在德行修养方面发展了孔子"内自省"和"内自讼"的修养方法，提出了"存心""自反""养气"等修养方法。所谓"存心"，是指有仁义之心且不丢失；"自反"，是指自我检查、自我反省；"养气"，是指培养"浩然之气"。"浩然之气"，即一种反躬自问、正义在握的阳刚之气和大丈夫之气。

虽说诚信、正直、尊重、宽容等品质不是命运攸关的东西，却是一个人品德的本质所在。拥有以上品质的人，若能坚定地坚持目标，他就会拥有无比强大的力量去战胜各种困难和挫折，去实现心中的梦想。

二、知晓事理，为而不争

1. 顺其自然，保持平常之心

顺其自然，无为而治。

——老子

人的一生总是在得意与失意之中度过，生活中虽有大喜大悲，但更多的是平平淡淡。成功时不过分欢喜，失意时不过分悲伤，能从容看待这世界的沉浮，要有一颗难能可贵的平常心。

平常心绝对不是平庸之心，更不是对什么都无所谓，浑浑噩噩，得过且过。具有平常心的人也可以有远大抱负，雄心勃勃，只是在艰苦的付出后，在成与败、得与失面前坦然淡定。我奋斗过，我努力过，因此，我无怨无悔。平常心是一种修养、一种风度，是一种经历挫折、磨难后的心灵感悟和精神升华。人的一生总是会遇到各种各样的事情，凡事只要怀着一颗平常心就好。只要你保持微笑，乐观对待一切，不耽于梦想，不被它左右；只要你以平常心去面对，那么你的生活将会一帆风顺！

阅读感悟

　　两个生活不如意的年轻人，一起去拜见师父。他们对师父说："师父，我们在办公室里太痛苦了，总是被欺负，我们都不想干了。"师父闭着眼睛，隔了好一会儿才说出三个字："平常心。"然后就挥挥手，示意两个年轻人回去。回到公司以后，一个年轻人递上辞呈，回家种田；而另一个年轻人静下心来，埋头认真工作。转眼间十年过去了，回家种田的以现代化的经营方法，成了农业专家；另一个留在公司的也不差，他忍气吞声，努力学习，逐渐得到器重，成了经理。有一天，两个人又来向师父汇报自己的成就，师父仍然闭着眼睛，隔了好一会儿，又说了那三个字："平常心。"

　　生活不可能总是一帆风顺的。也正是因为如此，我们的生活才能多姿多彩，有滋有味。处在顺境时，我们要懂得享受生活，这是生活赋予我们的财富；处在逆境时，我们不能总是惊慌失措，像一叶迷失方向的孤舟，靠不了岸。其实，一时处在顺境中，并不意味着永远一帆风顺；一时处在逆境中，也不意味着永远没有出头之日，最关键的是看你怎样面对。

　　当我们面对学习、生活、工作中的挫折和失败时，保持平常心会让我们自信、乐观，然后重整旗鼓，这是一种勇气；面对仇恨和被误解时，保持平常心会让我们宽容、坦然，然后保持本色，这是一种达观；面对朋友或师长的赞扬和激励时，保持平常心会让我们清醒、谦虚，然后不断进取，这是一种力量；面对日常的忧愁和烦恼，保持平常心会让我们释然、平和，然后努力化解，这是一种境界。

　　一切顺其自然，一切都按照万事万物的规律发展。做好分内的事情，不悲观不失望，不羡慕任何人，以一颗平常心来对待自己的学业、生活和事业。当然，顺其自然不是让你随波逐流，而是让自己朝着既定的人生目标踏实地走下去，坚守正常的学习和生活，做自己应该做的事情。

2.淡定处世，做到刚柔并济

金木水火以刚柔相济，然后克得其和，能为民用。

——《为刘荆州与袁尚书》

刚和柔如同鸟的两只翅膀、自行车的两个轮子，缺一不可，只"刚"就容易方，只"柔"就容易圆。为人处世，最好是方圆并用，刚柔并济，这就是古人所谓的"中庸之道"，这也是成功之道。如果能进而不能退，能退而不能进；能刚而不能柔，能柔而不能刚；能方而不能圆，能圆而不能方；能强而不能弱，能弱而不能强，注定此生永无出人头地之日。

刚柔相济，大可以用来治理家国天下，小可以用来待人处世。聪明的拳击手经常以刚柔相济取胜，中国的太极拳与日本的柔道也因此而长盛不衰。晚清重臣曾国藩对此感悟颇深：做人的道理，刚柔互用，不可偏废。太柔就会萎靡，太刚就易折断，但不是要残暴严厉，只不过不要强矫而已。趋事赴公，就得强矫；争名逐利，就得谦退。因此，他虽处在功名富贵的顶层，却能全身而退。

 探究与分享

①山重水复疑无路，柳暗花明又一村。

②长风破浪会有时，直挂云帆济沧海。

③有无相生，难易相成。

 上述句子表达了怎样的思想品质？

做人处世若能刚柔相济,把方和圆的智慧结合起来,做到该方就方、该圆就圆,方到什么程度,圆又到什么程度,都可以恰到好处,那就是方圆无碍了。方圆结合,就是做人灵活性与原则性的高度统一,这是一种最高级的战略,也是为人处世最高级的方法。要做到这一点,则需要有极高的修养和极大的智慧。

3.学会取舍,做出理智选择

将欲取之,必先予之。 　　　　　　　　　　　　　——《孙子兵法》

树木被拿来做斧头的柄,反过来用以砍伐树木;油脂被用来点火,结果把自己烧光;漆树有防腐功能,却难免刀割之灾。这说明世界上的任何事情都有两面性,有得也有失,并且得失是相对的,得中有失、失中有得。就如同人们吃药一样,在治病的同时,也会给身体带来种种副作用,在一定程度上损害身体健康。

很多时候,正是因为我们在学习和生活中患得患失,所以我们才在竞争中表现失常。比如,原本你对一件事情胜券在握,但在临近做的时候,周围的人说了一声"其实这件事情真的很难",这时你就开始紧张,甚至开始打退堂鼓,这必将直接影响这件事情的结果。有人说过,在你得到什么的同时,你其实也在失去。我们得到的总是具体的、有形的、有限的。比如工作,你得到的其实只是它带来的报酬,而在想象中,工作拥有无限可能。

阅读感悟

《吕氏春秋》中讲了一个小故事。有人想买一只世界上最好的狗,邻居就为他选了一只强壮凶猛的猎狗。这个人心想,既然是最好的狗,又花了这么多钱,它应该什么都会。他就训练猎狗捉老鼠,而猎狗却总是办不到。他去请教鉴狗大师。大师告诉他:"这确实是一只难得的猎狗。它的猎物是獐、麋、猪、鹿这类野兽,而不是老鼠。如果一定要让它捉老鼠,就把它的后腿拴起来。"这只狗的后腿被拴住后,慢慢地,它学会了捉老鼠。然而,它再也不是猎狗,也无法捕捉野兽了。它成了一只猫,还是一只蹩脚的猫。

翻读古书,历史上有许多著名的人物都是如此。比如:韩信能受胯下之辱,终成大器;勾践卧薪尝胆,三千越甲可吞吴,完成复国梦;田忌与齐王赛马,以下驷对王上驷、上驷对王中驷、中驷对王下驷,舍了小负之悲,得了全胜之喜。人是如此,万事万物又何尝不是这样呢? 蛇是在蜕皮中长大的,金是在沙砾中被淘出的,按摩是疼痛后的舒服,春天是寒冬过后的繁荣。回顾我们经历过的事,许多时候我们因没有小忍而乱了大谋,许多时候我们因吃了一点亏而懊丧不已,不久却又获得了好处。舍舍得得、得得舍舍就充满在我们琐碎的日常生活中,并演绎出成功和失败的故事。舍得是一种哲学,也是一种艺术。

古人云:"鱼和熊掌不可兼得。"如果不是我们应该拥有的,我们就要学会舍,只有我们学会了舍,才能拥有成熟,才能活得更加充实、坦然和轻松。

体悟哲思

舍是一种勇气

有个人在沙漠中穿行,遇到沙尘暴,迷失了方向。

两天后，干渴几乎击溃了他生存的意志，沙漠就像一座极大的火炉，要蒸干他的血液。绝望中的他意外地发现了一座废弃的小屋，他拼尽了最后的力气，才拖着疲惫不堪的身子，爬进了堆满枯木的小屋。定睛一看，枯木中藏着一台抽水机，他立刻兴奋起来，拨开枯木，上前汲水，但折腾了好长时间，也没能抽出半滴水来。

绝望再次袭上心头，他颓然坐在地上。就在此时，他看见抽水机旁有个小瓶子，瓶口用软木塞塞着，瓶上贴了一张泛黄的字条，上面写着：你必须将水灌入抽水机才能引水！不要忘了，在你离开前，请将瓶子里的水装满！

他拔出瓶塞，望着满瓶救命的水，早已干渴的内心立刻爆发了一场生死决战：我只要将瓶里的水喝掉，虽然能不能活着走出沙漠还很难说，但起码能活着走出这间屋子！倘若把瓶中唯一救命的水倒入抽水机内，或许能得到更多的水，但万一汲不上水，我恐怕连这间小屋也走不出去了……

最后，他还是把整瓶水全部灌入那台破旧不堪的抽水机，接着用颤抖的双手开始汲水……水真的涌了出来！他痛痛快快地喝了一通，然后把瓶子装满水，用软木塞塞好，又在那泛黄的字条后面写上：相信我，真的有用！

几天后，他终于穿过沙漠，来到绿洲。每当回忆起这段生死历程，他总要告诫后人：在得到之前，要先学会付出。

人生中，在通往成功的路上，我们往往并不是缺少获得扶持的机遇，而是无法好好把握它。正如故事中的那个人，如果喝光了瓶中的水，他永远也看不到抽水机里奔涌出来的水，而究竟字条上说的是真还是假，恐怕他到死也无法断定。

古为今用

1.运用传统文化中的"修德正身"思想理念,制作关于"君子"所具备的人格的思维导图。

2."三省吾身":请同学们每晚睡觉之前,回忆当天的所作所为,并对自己的行为进行辩证思考。

 「每日一席话」为官当明"舍得"之道

"舍得"一词最早出自明代袁了凡所著的《了凡四训》。细品"舍得"二字,一语双关,意境深邃。舍得,舍得,有舍才有得,先舍后得,不舍难得。舍得是一种选择、一种境界、一种智慧。

舍得是一种选择。自古以来,鱼与熊掌不可兼得,当官与发财,利与信亦终难兼得。现实社会中有很多人没有把握好"舍"与"得"的关系,该"得"的要"得",不该"得"的也要"得",甚至我"得"不到谁也休想"得"到。其最终结果是因欲壑难填而陷入深渊。学会"舍得",才能摆脱前进道路上的各种羁绊,解脱内心深处名与利的煎熬,放下工作中患得患失的苦闷,才能心无旁骛,一往无前地干事业。

舍得是一种境界。"春蚕到死丝方尽,蜡炬成灰泪始干。"这一千古传诵的名句,是对奉献的最好诠释。人生的意义在于奉献,而不是索取。对领导干部而言,需要的是没有私欲、不图回报、拼命干事的得失观;需要的是舍小利取大义、舍小家为大家的得失观;需要的是面对"有所失"时,能够跳出个人局限,以更高的境界、更大的情怀、更宽广的格局去干事创业。唯有如此,我们的党员干部才能真正干在实处、走在前列,才能真正唤起群众千百万,并跟着干部干。

舍得是一种智慧。人生始终离不开"舍"与"得"。管理工作中当"抓大放小"、残酷战争中要"舍一地夺要点"、象棋博弈当中需"舍卒保车"。有所取舍,才能活得轻松愉快,尤其是一定要"善舍""愿舍"。"失之东隅,收之桑榆",有所失不要紧,毕竟终有所得,但千万别"舍本求末"!当我们解除羁绊,卸下包袱,减少欲望,把不能有、不当有、不必有的东西统统舍弃,做一个纯粹的共产党人,才能迎来出彩人生,收获事业成功。

(摘自新华网)

贰　勤奋努力，厚积薄发

"成功的花，人们只惊羡她现时的明艳！然而当初她的芽儿，浸透了奋斗的泪泉，洒遍了牺牲的血雨。"这是冰心对于成功的感悟。一如在地下默默积蓄的泉水，即使被人们所忽视，也一如既往地聚集，因为只有蓄积才可以获得向上喷涌的力量，成为众人瞩目的存在。

成功不是一蹴而就的，而是一个厚积薄发的过程。追求成功，要摁住急功近利的心，耐得住寂寞，禁得起诱惑，吃得了苦，出得了力，通过坚持不懈、不畏挫折的努力，才能品味到甜美的成功果实。成功也需要长时间的默默积累，才能有朝一日喷薄迸发。厚积薄发，是因为天道酬勤，思者常新。

吟诵经典

吾少也有志于学，不幸而早得与吾子同年，吾子之得亦不可谓不早也。吾今虽欲自以为不足，而众已妄推之矣。呜呼！吾子其去此而务学也哉！博观而约取，厚积而薄发，吾告子止于此矣。

——《稼说送张琥》

通晓大义

我从小就有用功学习的志向，不料能早早地与您同科考中，不过您的成功，也不能说不早啊！我现在虽然自以为还很不够，但众人却已经胡乱地称颂我了。唉，您要摆脱这种状况而致力于学习啊！广博读书而简约审慎地取用，在深厚积累之后慢慢地释放出来。我能告诫您的也就到此为止了。

读书要广博而善于取其精要，要有丰富的积累而谨慎地运用知识。苏东坡的这一关于学习的主张，即使在今天也是一个极好的治学方法。

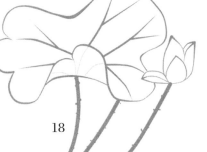

导航人生

一、勤奋努力，砥砺前行

1.脚踏实地，精准设定目标

> 病学者厌卑近而骛高远，卒无成焉。
>
> ——《宋史·程颢传》

好高骛远，比喻脱离实际追求不可能实现的过高、过远的目标。目标对于人生来说，具有举足轻重的作用。目标，是一切行动的前提，是成功人生的起点，是一个人奋斗的阶梯。但是在设定目标的过程中，人往往很容易自视甚高，因而也容易好高骛远，贪多求大，总想在事情一开始就能站在高起点上。可这样的结果，往往适得其反，大多数时候难以如愿以偿。

 探究与分享

以小组为单位，完成下列活动。

 画画像：拿一张白纸，用文字、图画等形式描绘自己，然后折起来，收集在一起。

 猜猜看：每人从中抽一张折叠的画像，猜测这是谁的画像并说明理由。第一眼看到这张画像，你想对他说些什么？

 谈感受：当事人分享自己满意的部分、不满意的部分，以及听到他人评价后的感受。

能了解他人的人聪明,而了解自己的人更明智。在此通过比较,强调自知的重要性。人生不能离开目标的指引。确定目标,是人生设计的第一乐章。每一个走向成功的人,无疑都会面临选择方向、确定目标的问题。

只要你选准了目标,选对了适合自己的道路,并不顾一切地走下去,终能走向成功。确定了目标并坚定地"咬住"目标的人,才是最有力量的人。确定了有价值的目标,才能较好地分配自己有限的时间和精力,较准确地寻觅突破口,找到聚光的"焦点",专心致志地向既定方向前进。那些目标如一的人,能够抛除一切杂念,积聚起自己的所有力量,即使面对生活的惊涛骇浪,也能领略其间的无限风光。

2.克服怠惰,积极主动进取

业精于勤,荒于嬉;行成于思,毁于随。　　　　　　　　　　——《进学解》

这句话的意思是,学业由于勤奋而精通,但它却荒废在嬉笑声中;事情由于反复思考而成功,但它却能毁灭于随随便便。

古往今来,多少成就事业的人缘于勤奋。战国时期的苏秦,开始虽有雄心壮志,但由于学识浅薄,跑了许多地方都得不到重用。后来他下决心发奋读书,有时读书读到深夜,实在疲倦、快要打盹的时候,就用锥子往自己的大腿上刺去,刺得鲜血直流。他用这种"引锥刺股"的特殊方法驱逐睡意,振作精神,坚持学习,后来终于成了著名的政治家。

阅读感悟

日本企业家稻盛和夫曾谈到,他在一个电视访谈类节目中看到记者采访一位木匠师傅。这位修建寺庙的木匠师傅所说的话,令他很感动。

那位木匠师傅说："树木里居住着生命，工作时必须倾听这树木中生命发出的呼声……在使用千年树龄的木材时，我们必须以认真的工作态度来对待，因为我们的技艺必须像有着千年树龄的树木一样，要经得起千年岁月的考验。"这种动人心魄的话竟然出自一个平凡木匠之口，这种话也只有终身努力、埋头工作的人才能说得出来。

木匠工作的意义是什么呢？它的意义不仅在于使用工具建造温暖舒适的房屋，不仅在于不断提高木工技艺，还在于磨炼人的心志，铸造人的灵魂。这是稻盛和夫从这位令人肃然起敬的木匠师傅的肺腑之言中听出的深刻意蕴。

那位木匠师傅已逾古稀。只有小学毕业的他几十年从事着木匠这项工作，辛苦劳累。他也曾不胜其烦，甚至有时也想辞职不干，但坚韧的他还是坚持了下来，几十年如一日地承受了种种劳苦，勤奋工作，潜心钻研，将自己的一生奉献给一种职业。埋头工作的过程中，他逐渐塑造了厚重的人格。孜孜不倦的他在经历了一生的劳苦和磨难后，才用自己的体会说出如此语重心长、警醒世人的人生哲理。像那位可敬的木匠师傅一样，将自己的一生奉献给一项职业，埋头苦干，这样的人有动人心弦的魅力，也才能打动人。

 就这位修建寺庙的木匠展开讨论，说说他的做法为你未来的职业发展提供了哪些借鉴。

人生总有许多机会和理想，假使能够将一切机会都抓住，将一切理想都实现，将一切计划都执行，那么你的人生真不知会是怎样的硕果累累。然而总有很多人有机会而不去抓住，有理想而不去实现，有计划而不去执行，最终使各种憧憬、理想、计划破灭。《明日歌》写道："明日复明日，明日何其多！我生待明日，万事成蹉跎。"意在说明拖延给我们的生活带来的影响。生活中拖延的现象屡见不鲜,但拖延久了,事事拖延,就养成了一种习惯,这种习惯势必让你产生拖延心理。拖延心理会让人一事无成,甚至毁掉你的前程。

生命中真正的财富往往属于那些能以行动积极去争取的人。采取主动,就能创造属于自己的机会。缜密思虑下策划的行动,是没有什么东西可以取代的。

3.消除犹豫,培养果断习惯

果,谓果敢决断也。

——《易经》

行动能使人走向成功,这似乎是人尽皆知的道理;但当人们面临行动时,往往就会犹豫不决,畏缩不前。"语言的巨人,行动的矮子"不在少数。你总是在无意识地寻找各种维持现状的理由,其实是因为你没有决心,没有勇气。你根本不需要考虑这么多,只要付诸行动,一切的犹豫就会自行消散。

世界上有许多人没能意识到自己的潜力,过分的谨慎阻碍了他们前进的脚步。他们知道自己能干得更好,但他们从没有努力争取过。同那些比他们成功的人相比,他们有能力取得成功,但他们总是找很多的理由说服自己。他们看见了机遇,但不去抓住它们,从很大程度上看,他们的惰性和优柔寡断是直接原因。

阅读感悟

毛遂在平原君门下三年,一直默默无闻,总得不到施展才能的机会。一次,秦国大举进攻赵国,情况危急。赵王派平原君向楚国求救。平原君决定挑选出二十名足智多谋的人随同前往,可是只有十九人合乎条件。这时,毛遂主动站出来说:"我愿随平原君前往楚国。"

平原君一开始不以为然："一个有才能的人在世上，就好像锥子装在口袋里，锥尖子很快就会穿破口袋钻出来，人们很快就能发现他。而你一直未能显示你的本事，我怎么能够带没有本事的人去楚国行使如此重大的使命呢？"

毛遂并不生气，他心平气和地据理力争："我之所以没有像锥子从口袋钻出锥尖，是因为我从来就没有像锥子一样放进您的口袋里呀。"平原君便答应毛遂作为自己的随从，连夜赶往楚国。

平原君到了楚国，可是这次商谈很不顺利。只有毛遂面对楚王，慷慨陈词，对楚王动之以情，晓之以理。楚王终于被说服了，与平原君缔结盟约。

事后，平原君说："毛遂原来真是了不起的人啊！他的三寸不烂之舌，真抵得过百万大军呀！可是以前我竟没发现他。若不是毛先生挺身而出，我可是要埋没一个人才呢！"

"鱼和熊掌不可兼得"，我们做事要坚决果断，当断则断。如今，这个社会中处处充满着各种机会，而有些机会是稍纵即逝的。人生当中一旦有了机会，我们就应该及时抓住，果断决策，勇敢地去行动，而不能举棋不定、犹豫不决；如果那样的话，你就只能永远站在那里看别人成功了。很多时候，太多的犹豫不决只会导致更彻底的失败。

4.破釜沉舟，勇敢战胜挫折

有志者，事竟成，破釜沉舟，百二秦关终属楚。　　　　——蒲松龄

破釜沉舟比喻不留退路，非打胜仗不可，下决心不顾一切地干到底。很多人开始做事时往往给自己留一条后路，作为自己遭遇困难时的退路。这样是不可能成就伟大事业的。有些人之所以一事无成，就是因为顾虑太多。只要

拿出破釜沉舟的勇气,不留任何后路,就能克服一切困难。破釜沉舟的军队才能获胜。同理,无论一个人做什么事,都要抱着绝无退路的决心,勇往直前。

一旦下了决心,就要斩断后路,竭尽全力向前进取,那么即使遭遇万千困难,也不会退缩。如果抱着不达目的决不罢休的决心,就会不怕牺牲,排除万难,去争取胜利,把那犹豫、胆怯等"妖魔"全部赶走。在坚定的决心下,成功必定在不远处向你招手。

 拓展空间

 每个同学拿两张 A4 纸,一张保持平整,代表没有遇到困难与挫折的人生,另一张 A4 纸代表过去遇到的挫折,遇到一次挫折就对折一次。然后,将两张纸分别放在架子上,中间悬空,看看哪张纸可以承受更多的重量。游戏结束后,同学们分享交流感悟。

二、厚积薄发,勇攀高峰

1.天行健,君子以自强不息

"自强"一词最早出现在《周易》的乾卦:"天行健,君子以自强不息。"此句中,"行"应该解释为"道"。《尔雅·释宫》注曰:"行,道也。""天行"即"天道"。"天行健"的含义为天道在不停地运动、变化和发展。在古代儒家教育中,学生的理想人格是君子。"君子以自强不息",故作为一名君子应当不断努力向上,不断提升自己的道德修养。

《周易》的内容博大精深,思想深邃。《周易》主要探索的是"天道""地道""人道"等宇宙的根本问题,而不是一般问题。"天行健,君子以自强不息"一句,有学者这样解释:"天行健"中的"健"是天道所固有的自然本性,"自强不息",则并非君子的本然之性,而是君子从天道所得到的启迪,并且是只有经过长期艰苦的修身养性之后,才能得到的"人道"。也就是说,"自强不息"对于君子来论,并不是与生俱来的天赋,而是后天非经过不懈的艰苦努力培养所不可能具有的"人道"。

我们要自觉增强主动作为的意识,而不是在面对逆境时,选择自暴自弃,自我退缩,不尝试就选择放弃。进而在面对困难时,我们有"铁肩担道义"的使命感和大无畏的勇气,以及在命运面前不甘沉沦的自强意识。

 拓展空间

盾牌有保护自己、应对外界之意。要主宰自己,需要我们为自己打造一个"青春盾牌"。请结合自己的所作所为,填写"青春盾牌"。

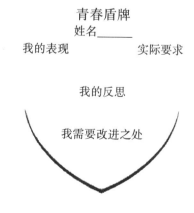

"自强不息"的君子,不能只知道强力,而不懂人性的"仁爱"。自强者应当谦虚、谨慎。自强者,在积蓄力量、韬光养晦之后,容易形成自大的心境。如果此时,不知克己,则物极必反。自强者在积蓄一定力量之后,更应当"仁者爱人",常以"己所不欲,勿施于人"自诫。一方面,在逆境中,防止盲目自大,过分相信自己的力量,从而做出错误的决定;另一方面,经过努力之后,更要认清形势,不断地修正自我意识,防止将积蓄的力量引向歧途。

2.千里之行,始于足下

"千里之行,始于足下"出自《老子》,意思是说,千里远的行程须从脚下开始。这句话告诉我们,大事都是由小事逐渐发展演变而来的,要从点滴小事踏踏实实做起,逐步前行。在成功路上,没有人是一帆风顺的,难免会遇到困难和挫折,但是困难和挫折会使我们得到历练,使我们更快地成长,最终迈向成功。

阅读感悟

鲁班学艺的故事在民间是无人不知、无人不晓的佳话,他经过了六大难关的考验,并时时刻刻提高他的品行和修养。年轻的鲁班告别了家乡,千里迢迢来到终南山学艺。弯弯曲曲的小道异常难行,但这并没有吓倒鲁班。他凭着坚强的毅力走出了山道,来到了一个破屋前,断定这就是老师傅的房屋,于是坐下来耐心等待。太阳下山,老师傅醒来。问了他几个做木匠的基本问题,鲁班靠着平时积累的经验轻松答对了,老师傅收了他做徒弟。可鲁班的艰辛才刚刚开始,他把门后已长满锈斑的斧子、烂刨子、凿子等不停地磨了七天七夜,一件件都磨得闪闪发亮。随后,鲁班用自己磨的斧子去伐一棵参天大树,然后砍成一个光滑大柁，用凿子在大柁上凿了两千多个眼，最后把样品拿来让师父观看。师父看后连声叫好，看鲁班这样的诚恳好学，就带领鲁班来到西屋。原来西屋满是精致的模型，鲁班下定决心一定要把手艺学好，于是认真地研究起模型来。之后，鲁班废寝忘食，时刻不放下手中的模型。三年后，鲁班把所有的手艺都学会了。他拿起自己磨的刨子、凿子和斧子，告别了师父，下了山，向人们奉献出精致的木雕。鲁班在人们心中立起了伟大的形象，成了后人磨炼自己的榜样。

在人生的道路上，从来就没有一帆风顺的事情，特别是想成就一番事业，那就要忍受比常人更累更难熬的日子。不论做任何事情，都要脚踏实地，一步一步地前行。

在人生的道路上，每个人都经历过形形色色的艰难困苦，要勇敢地跨过一条条狭窄的沟渠。也许你曾尝试着解开一道复杂的方程，或者你曾尝试着完成一项棘手的工作……我们正是从试试看起步，而后一路风尘仆仆，跨越人生的山峰、沟壑，来到平坦的绿草地上。

正所谓"千里之行，始于足下"，当你尝试跨出这勇敢的一步，你会如释重负地发现，这些事远远没有我们想象中那样困难。其实是我们放大了它们的艰难，只有拼搏了，尝试了，才会有意想不到的收获。只要有愚公移山的精神和毅力，我们便会一步步接近成功的彼岸，到达人生的终点。

3.博观而约取，厚积而薄发

苏轼在《稼说送张琥》中提出"博观而约取，厚积而薄发"的观点。厚积是指大量的、长时间的充分积蓄；薄发则是同"厚"形成对照，在一定阅读量、知识储备的基础上,客观、准确地喷发出来。"博观约取,厚积薄发"整体上体现出一种谦虚、博学、慎取的态度和思想,教育人们博览好学,在独立判断的基础上去其糟粕,取其精华,以此来扩充自己的知识储备和提高自己的技能水平。再以此为基础,方可传授他人,不至于道听途说、误人子弟。

阅读感悟

郑板桥画竹之前,当然早已对所要画的成竹在胸,可画起来时却并不急于求成。先用细致的笔法或勾或点或圈,把那远山、山间的白云,把那近水、水边的绿草,都细心地画出来。这时虽然无竹,可那竹早已在点点滴滴的色彩之中蓄势待发了,那高远的情怀、挺拔的英姿,也早已呼之欲出了。这时候,他才不紧不慢地把竹补上。于是,一幅浑然天成的劲竹图就画好了。正是因为有了之前那么多的铺垫和渲染,才使得竹的出现顺理成章。倘若缺少了那些山水的蓄势,竹的精魂也就不会那么传神地表现出来了。

作画如此,做人又何尝不是如此呢?成功讲究储备,仓库里的东西越充足,成功的机会才会越大,也才可能走得越远。所有的人都期待自己的人生能够爆发,但是我们要明白,所有的爆发都是要经过几百倍甚至成千上万倍的积累,所以千万不要着急,积累的时间越长,将来爆发的能量就会越巨大,就越会彻底改变你的人生状态。

厚积才能薄发。对于薄发的理解,可以看看刀、斧头的形状。刀刃很薄,刀背较厚。薄就锋利,只是薄则易折断,需要有厚实的刀背支撑。对于知识的积累来说也是一样,有了厚实的知识积累,才可能在单一问题上有更深入的了解和认识。而把厚积作为前提,发挥的"适度"也是很重要的。孔子也有"君子无所争，必也射乎"的表述。广泛积累之后，切勿夸夸其谈、卖弄笔墨，而要将之前所学转化为人生之道，真正将薄发作为"成功之举"。

博观约取，厚积薄发，用在学习与生活中也是一样的。任何事，只有经过长时间的积累，才能最终有所收获。阅览广博，方能有所摘取；积累深厚，方能有所迸发。博观约取，厚积薄发，是一个持久渐进的过程，贵在持之以恒，需要我们倾注大量的时间与精力。

 拓展空间

 下面是我们熟悉的田字格。由这个"格"你会联想到什么？

 "我劝天公重抖擞，不拘一格降人才。""言有物而行有格也。""道之以德，齐之以礼，有耻且格。"你如何理解这些语句中的"格"吗？

 **体悟哲思**

在清华大学2019年的新年联欢晚会上，清华学生傅宇杰揭晓了2018年清华大学年度人物。他们中有超算团队，不眠不休奋战四十八小时，拿下三大国际大学生超算竞赛大满贯。有人成立"天格计划"探究引力波，在太空中发射

了一颗属于清华学生的卫星。有人潜心文创,设计"立体二校门"创意产品,被媒体称赞为"最美录取通知书"。有田径之王,获得雅加达亚运会第四名,实现清华男子十项全能"零"的突破。有人成立学生乡村振兴工作室,走遍十二个省份十六个区(县),为中国乡村发展添砖加瓦。有人用"AI"创作歌曲,用技术传播音乐之美,登上《中国好声音》总决赛舞台……他们是如何成为年度人物的?傅宇杰在跨年演讲中告诉了我们答案——所谓天才,不过是每一天的孜孜不倦,然后努力成才。

 # 古为今用

1.联系自己的实际生活,小议"博观约取,厚积薄发"的感悟与启示。(400字左右)

2.联系个人的求学生涯及所学专业,反思在哪些阶段你曾经非常努力过,哪些阶段你未曾努力,并结合实际给自己设定几个阶段性的奋斗目标。

叁 谦恭自守，慎独自律

　　同学们，当你把书翻到这一页时，相信你已经懂得了很多道理，向"做一个自律自强的人"又迈进了一大步。接下来，让我们继续来更好地了解自己、超越自己、成全自己。

　　南怀瑾大师说："只有两种人可以无畏，一种是第一等智慧的人，一种是最笨的人，可以不要畏。"

　　作为芸芸众生中的一员，我们实在需要敬畏。当我们开始去敬畏一些东西，我们就会懂得遵守和珍惜，才会自律自守，谨慎面对一切。

吟诵经典

天命之谓性，率性之谓道，修道之谓教。道也者，不可须臾离也；可离，非道也。是故君子戒慎乎其所不睹，恐惧乎其所不闻。莫见乎隐，莫显乎微，故君子慎其独也。

——《礼记·中庸》

通晓大义

上天给予人的气质叫做性，依照本性去做事叫做道，修道的方法就是教化。这个道，不能片刻离开我们的身心；如果可以离开，那就不是正道了。因此，一个人独处，在无人看见的地方要警惕谨慎，在无人听到的时候要格外戒惧，这其实就是慎独。所以君子在无人时更应严格要求自己，做到防微杜渐，把不正当的欲望和意念在萌芽状态就克制住。

 # 导航人生

一、敬畏生命，始有远方

《中国机长》重现了 2018 年川航 3U8633 航班的航空事故。在这起事故中，飞机在行驶过程中驾驶舱右座挡风玻璃突然破裂，巨大的压差一度将副机长吸出机外，而高空中的冷风灌进来，氧气瞬间被抽走，仪表盘也随之损坏。在这样的环境之下，机长刘传健凭借自己过硬的心理素质和飞行技术成功地完成了备降，拯救了整架飞机上乘客的生命。

在我看来，这部电影的最大意义在于：形象直观地告诉我们如何创造世界级奇迹。机长的扮演者张涵予用三个短语，诠释了刘传健成为英雄机长的真正原因："敬畏生命""敬畏职责""敬畏规则"。

什么是敬畏呢？敬就是尊重，畏就是害怕。敬畏就是人们在面对庄严的或崇高的事物时谨慎、尊敬的情绪和态度，表现在内心就是不存邪念，表现在外就是持身端庄、严肃而有威仪。

那么我们应该敬畏些什么呢？

大千世界里，我们需要敬畏的东西实在太多。这里，我们就来谈谈敬畏生命和敬畏规则。

1.敬畏自己的生命

人必其自爱也,而后人爱诸;人必其自敬也,而后人敬诸。自爱,仁之至也;自敬,礼之至也。

——《法言·君子》

人之为人,一定要自爱。

《周易》中写道:"天地之大德曰生。"意思是说,天地之间最大的德就是爱护生命、敬畏生命。任何生命都是历史中的沧海一粟,有且仅有一次,是最宝贵的存在。当我们能够敬畏自己的生命,进而敬畏他人的生命,最终能敬畏万物时,人类才能拥有远方。

《孝经·开宗明义》中写道:"身体发肤,受之父母,不敢毁伤,孝之始也。立身行道,扬名于后世,以显父母,孝之终也。"

阅读感悟

章惇当权,他把苏东坡贬到偏远的惠州。那可是蛮荒之地啊!在惠州,苏东坡随遇而安,以苦为乐,在诗中写道:"为报诗人春睡足,道人轻打五更钟。"诗传到京城,章惇吃了一惊:"怎么苏东坡还不死啊?"他嫌苏东坡在逆境中也能如此逍遥,就将他贬到更远的儋州(今海南岛)。在宋代,流放到海南岛只比满门抄斩罪轻些,可见章惇之狠毒。章惇在迫害苏东坡的时候,还不放过他的弟弟苏辙。曾经做过宰相的苏辙一度被贬为化州(在今雷州半岛)别驾,同时被禁止占用官舍。苏辙不得已只能就地租民房居住,章惇又以他强占民房为由,下达文告要求州里严治苏辙。最终因苏辙租赁手续齐全而中止。

 从苏东坡的故事中,你获得了哪些感受? 谈谈你对生命的认识。

"身体发肤，受之父母，不敢毁伤，孝之始也。"自残、自伤的行为，儒家认为是不孝的表现。现代社会中，是什么使生命被某些人如此"轻视"？主要原因在于他们没有学会敬畏生命！作为一个人，首先应该爱惜自己的生命，进而在肯定自己、认同自己的基础上提升自己、完善自己，实现自身的价值。

2.敬畏他人的生命

老吾老以及人之老，幼吾幼以及人之幼。　　　　　　　——《孟子》

《论语》中有一句很经典的话语："己所不欲，勿施于人。"古人云："投之以桃，报之以李。""爱人者，人恒爱之；敬人者，人恒敬之。"这些都强调了尊重他人的重要性。尊重别人就是尊重自己。每个人都渴望赢得他人的尊重。同样地，每个人都能从尊重他人的过程中获得自我的尊严，从而敬畏自己和他人的生命。其实它们都可以表达一个意思：推己及人。同样，我们敬畏自己的生命，进而去敬畏他人的生命。

 探究与分享

让座　　　　　　　　　　你是我的拐杖　　　　　　　帮忙送医院

 ①上述三个情境，分别带给你怎样的感受？

②你能从上述不同的情境中发现哪些共同的态度？

苏东坡的眼光可谓老辣、独到。一个对自己生命不够敬畏的人，又怎么能奢望他敬畏别人的生命呢？果不其然，宋哲宗即位，章惇拜相后排除异己，连死人都要去掘墓毁尸。

现在，我们在各种媒体上会经常看到这样的新闻：家庭不和，求职不顺，学业受挫；企业经营不善……有些人因此一蹶不振，消极面对人生，甚至觉得活着没意思，社会不公平，从此虚度年华，浪费宝贵的生命。

我们知道，鲁迅弃医从文是因为他认识到学医救不了中国人，他说："凡是愚弱的国民，即使体格如何健全，如何茁壮，也只能做毫无意义的示众的材料和看客，病死多少是不必以为不幸的。"莎士比亚在剧本《暴风雨》中也说："地狱里空空荡荡，魔鬼都在人间。"一个人如果没有了对他人生命的敬畏，就是魔鬼般的存在，让人不寒而栗。

3.敬畏万物

泛爱万物，天地一体也。

——《庄子》

这句话的意思是，应该无差别地去爱世间的一切人、事、物，因为一切人、事、物都是一体的。

丰子恺曾通过画作劝告小孩子不要肆意用脚去踩蚂蚁，不要肆意用火或用水去残害蚂蚁。他认为自己那样做不仅仅出于怜悯之心，更是怕小孩子长大后变得残忍，以致对社会没有感恩之心，做出违法犯罪之事。

世间万物，任何生命都与我们息息相关，它们的命运往往也是我们的命运，当它们逐渐消失殆尽时，接着倒下的便是我们了。

毕淑敏在《离太阳最近的树》中写到一种叫红柳的树，那是高原的精灵，是离太阳最近的树，百年才能长成小小的一蓬。但是为了烧饭，人们不断地去砍伐和挖掘，从红柳的枝干直至红柳的根，这是对红柳的不尊重，也是人们毫无敬畏之心的表现。

拓展空间

有人说，心存敬畏，才能无畏；也有人说，心存敬畏，行有所止。

是否怀有对生命的敬畏，会让我们的人生有极大的不同。

　请和同学分享对上述观点的看法。

二、敬畏规则，终获自由

人之为人，要敬畏规则。

什么是规则？规则，一般指由群众共同制定、认可或由代表人统一制定并通过的，由群体里的所有成员一起遵守的条例和章程。它有三种形式：明规则、潜规则、元规则。明规则是有明文规定的规则，存在需要不断完善的局限性；潜规则是无明文规定的规则，约定俗成，无局限性，可弥补明规则的不足之处；元规则是一种以暴力竞争解决问题的规则，善恶参半，可谓非文明之道。无论何种规则，只要违背道德，就必须严惩不贷，以保持世间和谐。

古人云："举头三尺有神明。"所以做人要有所为有所不为。"积善成德，而神明自得。"作为新时代的新青年，我们心中也有敬畏的"神明"，那就是道德和法律。正确地了解道德与法律的关系，我们就能更好地敬畏道德和法律，并终将获得自由。

1. 敬畏道德规范

吾十有五而志于学,三十而立,四十而不惑,五十而知天命,六十而耳顺,七十而从心所欲,不逾矩。

——《论语》

子曰:"七十而从心所欲,不逾矩。"意思是说,七十岁能随心所欲而不越出法度。这时候主观意识和做人的规则合而为一了,道德修养达到了最高的境界,孔子的主观意识和人生准则都在一定的框架内了,这个框架已经成为他的潜意识。这个框架就是我们这里讲的道德规范。

阅读感悟

东汉大臣杨震为官二十多年,始终以"清白吏"为座右铭,生活俭朴,清正廉洁,不给子孙置产业。关于杨震,广为流传的便是"四知先生"的故事。昌邑县令王密曾受到杨震的举荐,为了报答知遇之恩,遂于深夜前往驿馆拜访路过此地的杨震,临别时恭恭敬敬献上黄金十斤,并诚恳地表示:"深夜无人知道。"杨震坚持不受,并批评他说:"我和你是故交,关系密切,我很了解你的为人,而你却不了解我的为人。"杨震还说了句传诵千古的话:"天知,地知,我知,子知,何谓无知?"他坚决地拒绝了这个偷偷摸摸的"好意"。他深知,天知地鉴,神目如电,岂可掩耳盗铃,自欺欺人。王密十分惭愧,于是只好作罢。

道德就像一把尺子,直指人心,而敬畏心正是这把尺子上的刻度。我们知道,道德规范的内容存在于人们的意识之中,它一般不诉诸文字,比较抽象、模糊。道德不仅调整人们的外部行为,还调整人们的动机和内心活动。道德主要靠社会舆论、传统文化和人们的自律来维持。所以,敬畏道德文化规范,其实就是敬畏社会舆论,敬畏传统文化的力量,严于律己。

道德规范的参照标准是什么呢？答案是社会主义核心价值观——富强、民主、文明、和谐，自由、平等、公正、法治，爱国、敬业、诚信、友善。社会主义核心价值观是社会主义核心价值体系的内核，体现社会主义核心价值体系的根本性质和基本特征，反映社会主义核心价值体系的丰富内涵和实践要求，是对社会主义核心价值体系的高度凝练和集中表达。

党的十八大以来，党中央高度重视培育和践行社会主义核心价值观。习近平总书记多次做出重要论述，提出明确要求。中共中央政治局围绕培育和弘扬社会主义核心价值观、弘扬中华传统美德进行集体学习。中共中央办公厅下发《关于培育和践行社会主义核心价值观的意见》。党中央的高度重视和有力部署，为加强社会主义核心价值观的教育实践指明了努力方向，做出了重要指示。

2017年10月18日，习近平同志在党的十九大报告中指出，要培育和践行社会主义核心价值观。要以培养担当民族复兴大任的时代新人为着眼点，强化教育引导、实践养成、制度保障，发挥社会主义核心价值观对国民教育、精神文明创建、精神文化产品创作生产传播的引领作用，把社会主义核心价值观融入社会发展各方面，转化为人们的情感认同和行为习惯。

2.敬畏法律法规

石以砥焉,化钝为利;法以砥焉,化愚为智。

——《砥石赋》

道德与法律是社会规范最主要的两种存在形式,是两种重要的社会调控手段。自人类进入文明社会以来,任何社会在建立与维持秩序时,都一定要同时借助这两种手段,两者同宗同源,相辅相成。

国无法不治,民无法不立。法律法规是治国理政最重要、最基本的手段。法律是国家制定或认可的一种行为规范,它具有明确的内容,通常以各种形式表现出来。法律是靠国家强制力保证实施的。就我们国家来说,依法治国是我们党领导人民治理国家的基本方略,是国家长治久安的重要保证。依法治国的实质,就是依照法律的规定来管理国家,管理社会事务。

阅读感悟

我们来看季羡林在《留德十年》中的描述:

二战时,盟军进入大反攻,苏联红军对德国柏林进行了包围,德国百姓的生活陷入了前所未有的困境中,食物短缺,燃料匮乏。由于德国冬季非常寒冷,燃料缺乏可能导致许多居民冻死。为了生存,一些居民开始进山砍伐树木,当作燃料取暖用。当时的德国行政管理名存实亡,权力处于真空状态,一切都处于无政府状态。战争结束后,人们惊讶地发现,全德国没有发生一起居民乱砍滥伐事件,他们全部忠实地执行了规定:只砍枯藤朽木。

后来季老由衷地感叹,德国人在德国行政管理名存实亡、一切都处于无政府状态时依然能够一丝不苟地遵守这条规则——只砍枯藤朽木,不破坏规则已经深入他们每个人的骨子里,这是一个多么"可怕"的民族!

法律法规带给我们的是安全保障，遵守法律法规不影响我们去享有真正的自由。因为法律法规是平等的。平等是法律的基本属性，任何人都没有超越法律法规之上的权利，必须坚持在法律面前，人人平等。

敬畏法律法规，自律自守。自律自守是一种不可或缺的人格力量，没有它，一切法律法规都会变得形同虚设。真正的自律自守是一种信仰、一种自省、一种素质。自律自守并不是让一大堆规章制度来束缚自己，而是用自律自守的行动创造一种井然的秩序，为我们的生活争取更大的自由。

 拓展空间

①有人认为，现代社会中的一切事情都可以通过法律来解决。对此，你的看法是什么？

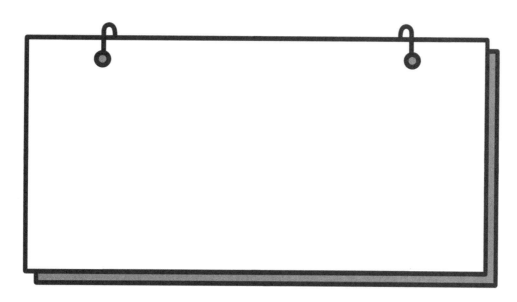

②根据我国法律，青少年的刑事责任年龄是如何规定的？

根据《中华人民共和国刑法》第十七条：已满十六周岁的人犯罪，应当负刑事责任。已满十四周岁不满十六周岁的人，犯故意杀人、故意伤害致人重伤或者死亡、强奸、抢劫、贩卖毒品、放火、爆炸、投放危险物质罪的，应当负刑事责任。已满十二周岁不满十四周岁的人,犯故意杀人、故意伤害罪,致人死亡或者以特别残忍手段致人重伤造成严重残疾,情节恶劣,经最高人民检察院核准追诉的,应当负刑事责任。对依照前三款规定追究刑事责任的不满十八周岁的人,应当从轻或者减轻处罚。因不满十六周岁不予刑事处罚的,责令其父母或者其他监护人加以管教;在必要的时候,依法进行专门矫治教育。

三、慎独慎微,追求无愧

> 莫见乎隐,莫显乎微,故君子慎其独也。　　　　　　——《礼记·中庸》

当心中有了敬畏,表现在行动中,我们就会懂得谨慎。在现实生活中,我们每一个人的一举一动都会受到他人的关注,所以,做人做事要自守自律,要做到慎始慎终,慎言慎行,慎独慎微。

所谓慎独,是指人们在独自活动无人监督的情况下,凭着高度自觉,按照一定的道德规范行动,不做任何有违道德、做人原则、违反法律之事。所谓慎微,就是审慎于细微而能见微知著,重视和正确处理细小的事情,防微杜渐。

人最大的"敌人"就是自己,最难战胜的也是自己。能不能做到慎独慎微,是检验一个人自觉性、自制力和意志力强不强的重要标志。

1.慎独慎微,要正确认识"小"

> 道自微而生,祸自微而成。　　　　　　　　　　　——《太公金匮》

古人云:"不矜细行,终累大德。"其实这与我们很熟悉的"千丈之堤,以蝼蚁之穴溃;百尺之室,以突隙之烟焚"都在表达同一个意思:慎微的重要性和必要性。正因为这些常常被忽略掉的蝼蚁、甲虫,才使得看似牢不可破的大堤、坚不可摧的巨树变得脆弱不堪。因此,细节性的问题往往会成为致命的问题,对待事物不能忽视细节，微小的事物一旦被忽略，我们就会因小失大，最终会造成无可挽回的后果。

阅读感悟

在清朝雍正年间，有位名叫叶存仁的官吏，先后在浙江、安徽、河南等地做官。他当官三十多年，却两袖清风，从未收取过任何贿赂。有一次，在他离任时，僚属们派船送行，但船只却迟迟不启程。直到夜半，才见一叶小舟划来。原来，僚属们为他带来了礼品，为避人耳目，特意在深夜送来。他们以为叶存仁平日不敢收礼品，是怕他人知道会有麻烦，而夜深人静之时，神不知鬼不觉，叶存仁一定会收下。谁知，叶存仁见此情景，却挥笔赋诗一首，将礼物退了回去。诗云："月白清风夜半时，扁舟相送故迟迟。感君相送还君赠，不畏人知畏己知。"

叶存仁为什么能两袖清风，就是他严格的"慎独"，"不畏人知畏己知"，从不肯在小处随便，时刻注意慎独慎微。

君人者，诚能见可欲，则思知足以自戒；将有作，则思知止以安人……

——《谏太宗十思疏》

辅佐唐太宗共同创建"贞观之治"的大业，因直言进谏而被后人称为"一代名相"的魏徵曾言，如果君王看见自己喜欢的东西，就想到知足来自我警戒；将要兴建什么，就要想到适可而止，来使百姓安宁……

这里的"小"，是"小我"的意思，是相对于"大我"而言的。它表现在很多方面，比如爱好，或琴棋书画，或花鸟鱼虫，或游山玩水等。这样的"小事"管好了，可以锻炼操守品行。管住爱好，要"好自为之"，能克制，把握度。

慎独慎微，严格管住"小"，公孙仪可谓明智之极。无数事实说明，一个在小节、小事上过不了关的人,也很难在大节上过硬。所以,我们要严于自律,加强修养,小处不随便,坚持从小事做起,并在持之以恒的积累中日臻完善。

2.慎言慎为,要追求有度

修身洁行,言必由绳墨。

——王安石

所谓慎言,就是说话要谨慎,不要向别人承诺自己做不到的事。慎言不是不言,而是三思而后言,言副其实,说到就要能够做到。所谓慎行,就是行为谨慎检点。慎行不是不行,而是"三思而后行",要事先考虑好"行"的结果、"行"的后果、"行"的影响。

阅读感悟

春秋时期,齐景公特别喜欢鸟。有一次,他得到了一只漂亮的鸟,就派烛邹专门负责养这只鸟。可几天后,爱鸟不小心被烛邹放走了,齐景公气得要杀烛邹。时为国相的晏子赶紧说:"把烛邹这家伙杀了给大王谢罪,但是在杀他之前,我要当着大王的面数落他的罪行,让他死得明白。"齐景公非常好奇,问晏相,烛邹有哪些罪行?晏子这才不慌不忙地说,烛邹其罪有三:"其一,无意放走大王的鸟,该死;其二,惹得大王为一只鸟而杀人,该死;其三,如果大王为一只鸟而杀人的事情传出去,其他诸侯怎么看,你这是陷大王于不仁,该死。"这哪里是在给烛邹定罪,分明是在骂齐景公"昏君"嘛!齐景公听完,也明白了晏子的言外之意。他干咳了一声,说:"把他放了吧。"烛邹因此捡回了一条命。

古人讲究"谨言慎行",而现在有人更是把谨言慎行提到一定的高度,他们认为一个人如果想要成功的话,其实就需要做两件事:一个是说该说的话,另一个是做该做的事。

说话直来直去,看似豪爽,但有时会事与愿违,达不到说话的目的。"良言一句三冬暖,恶语伤人六月寒。"所以才要存好心说好话,不要攻人短处、揭人疮疤。揭人疮疤的人,招人痛恨,害人害己。就算准确掌握了对方的把柄,也可以"以退为进",宽容相待。

敏于事而慎于言,就有道而正焉,可谓好学也已。　　　　　　——《论语》

孔子讨厌夸夸其谈的人,认为一个人说话应该谨慎小心,懂得保留,所以他说:"多闻阙疑,慎言其余,则寡尤……"意思是,多听听别人怎么说,把还有疑惑的地方暂时放在一边,其余有把握的也要谨慎地说出来,这样说话就可以少犯错误了……在平时生活中,孔子就是这样要求自己的。

阅读感悟

有一次,孟武伯(鲁国大夫孟懿子的儿子)问孔子:"我问你啊,你觉得子路算得上有仁德吗?"孔子摸摸胡子想了一会,对他说:"这我不知道啊。"孟武伯奇怪地说:"谦虚了吧! 子路可是你的贴身弟子,你怎么不知道?! 而且你还那么会看人!"孔子回答说:"我只能这么说吧,如果一个千乘兵车的大国要子路去掌管军事,那他倒是可以胜任的。至于他有没有仁德,我就不知道了。"孟武伯又问:"那冉求呢,有没有仁德?"孔子回答说:"冉求嘛,如果一个千户人家的城镇要他去当长官,那他也是可以胜任的。至于他有没有仁德,我就不知道了。"孟武伯还不想放弃,又问道:"公西华呢,有没有仁德?"孔子回答说:"公西华啊,有贵宾来访的时候,让他穿着礼服接待他们,那他倒是可以胜任的。至于他有没有仁德,我就不知道了。"孟武伯这下彻底没辙了,觉得再问下去也不会有一个肯定的答复,只好作罢。

结合孔子的回答,谈谈你对"谨言慎行"的认识。

 **体悟哲思**

　　晋朝王戎年幼时,有一次和同伴们在一起玩耍,看见路边有棵李树上结了许多果实。同伴们争相跑去摘取,唯独王戎丝毫不为所动。有人问他个中原因,他答道:"树长在路边却结有很多李子,这满树的李子必定都是苦的,不然早就被人摘完了。"王戎的"道边李苦"理论体现了他的才智精明。千年之后,元代大家许衡面对几乎同样的情境,发出了"梨虽无主,我心有主"的慨叹。许衡曾经在盛夏时经过河阳,十分口渴,路边有梨树,众人都争先恐后地去摘梨来吃,许衡独自端正地坐在树下,安然如常。人问之,答曰:"非己之梨,岂能乱摘?"有人讥其迂腐,说:"兵荒马乱之时,这梨树是没有主人的,摘来吃无妨。"许衡正色道:"梨虽无主,而我心有主。"

 **古为今用**

　　1.谈谈你对"慎独"的理解,并结合自己的生活说说自己在成长过程中的"慎独"表现。

2.开展"小当家——学校制度我来定"活动,让学生根据自己在学校学习生活的实际情况制定班级管理公约。

尽职尽责,强心力行

德国哲学家黑格尔说:"道德之所以是道德,全在于具有知道自己履行了义务这样一种意识。"责任是人类道德发展的核心。也就是说,我们每个人都应该有责任感。无论是塑造美好品格、成就幸福人生,还是构建和谐人际关系、创造美好社会生活,都离不开责任。

人民教育家陶行知先生说:"知责任,明责任,负责任。"也就是说,我们应该知道什么是责任,明白对自己、他人和社会负责的意义,增强责任感和责任心,自觉自愿地承担责任,在服务他人、奉献社会的过程中收获快乐,健康成长,谱写绚丽多彩的篇章。

吟诵经典

曾子曰："士不可以不弘毅，任重而道远。仁以为己任，不亦重乎？死而后已，不亦远乎？"

——《论语·泰伯》

通晓大义

曾子说："士人不可以不宽宏刚毅，因为他肩负的任务重大而路程遥远。把实现仁德作为自己的任务，难道不是重大的吗？到死才停止下来，难道不是遥远的吗？"

这是在我国文化史上影响深远的名言。后世无数仁人、君子无不以此言激励自己，投身到治国平天下的伟大追求中。曾子的这番话，表达了士人主动承担社会责任的那种坚定信心和决绝勇气。有着宏大襟怀、刚毅品格的无数仁人志士为了这份坚定的信念，栉风沐雨，就算为此付出生命也在所不惜。这种精神已融入中华儿女的血脉里，成为中华民族奋发向上的不竭动力。

 导航人生

一、强化意识，感悟责任

1.人人有责，知责任

> 士不可以不弘毅，任重而道远。
>
> ——《论语·泰伯》

责任是指一个人做好分内应该做的事。责任来自对自身的追求、对他人的承诺，以及职业要求、道德规范、法律规定等。有责任感的人是有良知的人，懂得引导自己，约束自己，拒绝错误的行为。

责任是一种职责和任务，是身处社会的个体成员必须遵守的规则和条文，带有强制性。它伴随着人类社会的出现而出现，有社会就有责任。责任感是衡量一个人素质的重要指标。责任产生于社会关系中的相互承诺。在社会的舞台上，一种角色往往意味着一种责任。当我们在承担一项责任的时候，要付出一定的代价，但也意味着有获得回报的权利。

承担责任要付出代价。承担责任不仅意味着要付出时间、精力和金钱，而且还意味着可能因做得不好而受到责备，甚至受到处罚。

承担责任往往伴随着获得回报的权利，这种回报既包括物质方面，又包括精神方面。对我们而言，更重要的是精神方面的回报，如收获良好的自我感觉，获得新的知识和技能，赢得他人的尊重和赞许，等等。

社会在发展,责任的内涵也在不断发展,改革开放和现代化建设的伟大实践,赋予责任日益丰富的时代内容。负责任的大国,负责任的政府,负责任的公民——中国以更加鲜明的形象呈现在世界面前。

 探究与分享

一个十五岁的少年在楼前的空地上踢球时,不小心把一家商店的玻璃撞碎了。店主说:"这块玻璃是特制的,你得赔。"孩子没办法,回家找爸爸。爸爸问:"玻璃是你弄碎的吗?"孩子说:"是!"爸爸说:"那么咱们应当赔偿。现在你还小,所以我来付。等你长大了,发生类似的事情……"

 请你续写爸爸的话。

面对责任,每个人都要有自觉承担、主动承担、"我要"承担的精神,不言代价与回报。

承担责任的人会感受到责任沉甸甸的分量。如果是可以选择的责任,我们应对自己的付出与回报进行合理的评估,做出合理的选择。选择之后就要义无反顾地担起责任。

但是,如果有些事情不是我们自愿选择的,该怎么办呢? 我们仍然应该自觉承担相应的责任。我们无法改变自己在生活和工作中的位置,但我们可以改变自己对待应该做的事情的态度。一个人在面对不情愿做的事情时,他的选择体现了他的责任感。我们要把这些事情当作一种不可推卸的责任担在肩头,不抱怨,不懈怠,全身心地投入,把事情做好。这样,我们就可以自豪地说:我承担,我无悔!

阅读感悟

王曰:"呜呼!凡我有官君子,钦乃攸司,慎乃出令,令出惟行,弗惟反。以公灭私,民其允怀。学古入官,议事以制,政乃不迷。……戒尔卿士,功崇惟志,业广惟勤,惟克果断,乃罔后艰。"

——《尚书·周书·周官》

这段话的背景是周成王灭了淮夷,回到王都丰邑,和群臣一起总结周王朝成就王业的经验,并向群臣说明设官、分职、用人的法则。他告诫"有官君子"(大夫以上有职事者)要忠于职守、勤于政务时说:"你们要认真对待自己的职责,不能怠惰疏忽,要知道'功崇惟志,业广惟勤'。"其中的两个"惟"字当"在于"讲,这句话的意思是说:取得伟大的功绩,在于志向远大;完成伟大的事业,在于爱岗敬业。

 拓展空间

回顾自己参加的社会实践活动,选择一项填写下表。

扮演的角色	
完成的任务	
收获	

2.人各有责,明责任

在社会生活的舞台上,每个人都扮演着不同的角色,每一种角色都意味着承担相应的责任。

(1)个人责任

莫等闲、白了少年头,空悲切。

——岳飞《满江红》

责任,从对自我负责开始。作为社会的一员,我们每个人首先要对自己负责。在我们成长的过程中,小到按时完成作业、为自己的一次约定守时,大到终身信守承诺、认真做事,都是对自己负责任的表现。只有对自己负责的人,才能使自己的潜能得到充分挖掘,才有资格、有能力、有信心承担起时代和国家所赋予的使命。

阅读感悟

晋代有一位将军,名叫祖逖。他文韬武略,忠心爱国,是一位备受尊敬的人。可是,祖逖小时候却是个淘气的孩子。他不爱读书习武,整天只喜欢到处玩。祖逖长大后,看到国家衰落,连年征战,百姓的日子非常艰苦。但是他力量微薄,学问又少,什么忙也都帮不上。

为了能改变国家的现状,祖逖开始发奋读书,认真学习,从书中汲取了丰富的知识,学问大有长进。

祖逖经常去当时的首都洛阳,向有学问的人请教。认识他的人都说:"祖逖将来会是国家的栋梁。"

在祖逖二十四岁的时候,有人推荐他去做官,但他觉得自己的学问还不够多,就没有答应,而是继续努力读书。

祖逖有个好朋友叫刘琨,他和祖逖一样,都希望早日平息战乱,使国家强大,让百姓过上好日子。两个人每次在一起谈论国家大事,都会促膝长谈,不知不觉谈到很晚。第二天早上,他们又会一起练剑,为将来报效国家做准备。一天半夜,祖逖在睡梦中听到鸡叫声,便爬起来对刘琨说:"公鸡在叫我们起床,现在就去练剑怎么样?"刘琨欣然同意了。从此以后,祖逖和刘琨约定,每天听到鸡叫声就起床练剑。不管刮风下雨,不管酷暑严冬,从来没有间断过。

功夫不负有心人,经过长期的刻苦练习,祖逖与刘琨都成为既能写得一手好文章,又能带兵打胜仗的文武全才。

一个人既然来到这个世界,就应该在合理的范围内,让自己好好地生存下去,并获得发展。当自己碰到困难的时候,应当不断地激励自己,勇往直前,坚持到底。有责任感的人,应该勇于承担因自己行为带来的后果,不推诿、不逃避,能够自省自律,避免自己做错事,这就是对自己负责。弘扬中华优秀传统文化蕴含的自律自觉精神,对于引导中职生注重人的道德修养、增强责任感、培养自信乐观的人生态度具有重要意义。

(2)对他人的责任

对他人的责任,是指对除自己以外的其他人的一种态度。人与人之间是相互依赖的,个人的生存和发展离不开对他人负责。人生在世,不能老想着自己,心中要有他人,不仅要对自己负责,更要对他人负责。对他人负责表现为在日常学习和生活中做到尊重他人隐私,不侵犯他人合法权益,互帮互助,诚信友善。

 拓展空间

关爱他人不是一朝一夕的事情,需要我们长期付出努力和共同行动。为此,让我们拟定一份关爱他人的承诺书。

从今天起,做一个对他人负责的人,关爱他人,善待自己。

当＿＿＿＿＿＿＿＿＿＿＿＿＿＿＿＿＿＿＿＿＿＿＿＿＿＿＿＿

我们承诺一定会＿＿＿＿＿＿＿＿＿＿＿＿＿＿＿＿＿＿＿＿＿＿

当＿＿＿＿＿＿＿＿＿＿＿＿＿＿＿＿＿＿＿＿＿＿＿＿＿＿＿＿

我们承诺一定会＿＿＿＿＿＿＿＿＿＿＿＿＿＿＿＿＿＿＿＿＿＿

当_____

我们承诺一定会_____

(3)家庭责任

哲学家黑格尔说:"要建设好一个家庭,需要这个家庭里的每个人的共同努力;而要毁掉这个家庭,只需要其中的任何一个人。"并不是干轰轰烈烈的大事才算对家庭负责,生活中点点滴滴的小事都能体现出你是否对家庭负责。

 探究与分享

结合下面的情境,填写内容:

1.放学回家,父母常说的一句话:_____

2.告诉父母自己受到表扬时,父母常说:_____

3.生病时,父母的表现:_____

4.考试考砸了,父母一般会怎么说:_____

5.和父母闹矛盾,父母的表现:_____

作为家庭的一员,不应单方面要求得到家庭的保护,而必须对家庭负责、对父母负责,才能使家庭美满幸福、父母愉快健康。

(4)职业责任

其为人也,发愤忘食,乐以忘忧,不知老之将至云尔。

——《论语·述而》

这件事发生在孔子周游列国推行他的儒家思想期间。这段话据考证是在孔子与叶公政见相左的情况下,叶公对子路的追问。但子路不好回答,所以回避了这个问题。孔子在事后向子路回答叶公的提问时,讲到自己的敬业精神。首先,要清楚孔子的职业是什么。孔子终其一生都在推行他的儒家思想,所以我们说他就是一位伟大的思想家。当他讲到自己的敬业时,虽然只有很简单的三句话,但都饱含很深的敬业精神。

一是"发愤忘食"。为了自己热爱的事业而努力工作,以至于忘记吃饭。此乃敬业之第一境界。

二是"乐以忘忧"。做学问是很艰苦的,一路上遇到的困难也是可想而知的,这就是孔子所讲的"忧"。而孔子对待"忧"的态度是"忘忧"。这是孔子对待困难的态度,他没有"因为忧所以忧",而是采取了忘忧的乐观态度,甚至以忧为乐,以积极向上的态度去面对所有困难。此乃敬业之第二境界。

三是"不知老之将至"。虽然孔子在周游列国推行儒家思想的过程中处处碰壁,其思想鲜被采用,但只要帝王愿意采用他的思想和理念,哪怕只是听他讲儒学,他就感到心情轻松,即便年老,也感觉做事业的激情让自己的生命更加年轻了。此乃敬业之第三境界,也是最高境界。

无论在什么工作岗位上,都要记住岗位的责任,尽职尽责工作就是要不找任何借口地去做好。只有抱着"为自己工作"的心态,承认并接受"为他人工作的同时,也是在为自己工作",才能获得丰厚的物质报酬,赢得社会的尊重,实现自身价值。要相信,是金子总会发光的。

[阅读感悟]

优秀毕业生马海波,2009—2012年就读于绍兴市柯桥区职业教育中心。2012—2014年就职于绍兴天诚工程审计有限公司。刚进去的时候,老板问他要多少薪水。他说:"我刚刚毕业,还需要多学习和积累工作经验。薪水您看着给。"当时有一个湖州的项目，施工现场缺一个做月报的。于是老板找到他说："你有没有兴趣去工地？"工地的条件当然比公司要艰苦些，然而实践经验要比公司里丰富许多。他毫不犹豫就同意了。

在工地上工作的时候，他发现好多东西都是课本上没有遇到过的。他白天认真工作，晚上就会向工地施工员请教一些不懂的问题。同时他也会帮助他们学习一些关于CAD和电算软件方面的知识。有一次，涉及一个别墅坡屋面的算量，他发现如果手工算的话会很麻烦，以往他们都是凭借经验估计出一个大概值。于是他想到了在学校时学的电算软件，使用电算软件不仅速度快、工程量准，而且和工人解释起来更加生动形象。只是以前在学校里学习电算软件时没有遇到那么复杂的坡屋面，很多方面还是需要自己琢磨。那一次他研究到很晚，这时项目经理正好路过办公室，看见灯亮着便走了进来。项目经理说："小马，这么晚还不去休息？"项目经理说："过两天要浇筑屋面的工程量，我得先把它算好。"他说："对的，这个要抓紧。你们职校生真好，能吃苦耐劳，有肯干实干精神。"临走的时候，项目经理还开玩笑说："小马，过几天你就得回去了，我叫几个年轻的施工员来，这几个晚上你抽空帮我培训一下，工地上有几个会电算的会方便很多。"

一个月后老板把他调回了公司。这次工地之行让他学到了很多，回到总公司后，渐渐地，老板会把一些大的项目优先给他做。和同一个公司的只知道纸上谈兵的大学生比起来，老板显然更器重他，更相信他，也更愿意把大项目交给他来做。

2014年，他到上海亚新建设工程有限公司上班。刚到上海的时候，老板告诉他："这里主要是做房修的，做的东西比较杂，比较细。以前也来过几个小伙子，都是大学生，后来不是嫌工作杂，就是嫌工作苦，基本坚持不到两个月就辞职走了。"他对老板说:"这样才好,我就是要找这样的工作。做的东西多,学到的东西也多,以后懂的东西也多。"于是他欣然开始了在上海的工作。刚开始的时候有很多不懂的地方,甚至有做错的,确实碰到了一些困难,但是经过一段时间的工作,虚心向其他老员工请教,慢慢也变得得心应手了。现在,一个工程从项目开始招投标到工程审计结束都是他在负责。因为工作业绩突出,去年年底,老板奖励了他一辆汽车。

作为一名即将面临就业的中职学生,自觉努力地端正自己的职业价值观,培养自身的职业责任,不断提高自己的专业技能,为未来走向工作岗位做好准备,显得尤为迫切和重要。

(5)集体责任

所有人齐心协力就是对集体负责。我们所在的集体,需要每个成员去付出,为其良好发展出谋划策,作为学生应在班集体中学会与他人合作,以为集体努力与付出过而自豪。

阅读感悟

女排精神是对中国女子排球队顽强战斗、勇敢拼搏精神的总概括。中国女子排球队的队员们在世界排球赛中,凭着顽强战斗、勇敢拼搏、团结协作的精神,五次蝉联世界冠军,为国争光,为人民建功。中国女排的胜利,不是个人的胜利,而是集体的胜利。

中国女排曾经的主教练郎平说:"在我的字典里,'女排精神'包含着很多层意思。其中特别重要的一点就是团队精神。女排当年是从低谷处向上攀登,没有多少值得借鉴的经验,但是在困难的时候,大家总能团结在一起,心往一处想、劲往一处使。"正是过去几十年里几代人默默地无私奉献，风雨同舟，才铸就了中国女排这个闪耀着团结协作光芒的英雄集体。朱婷说："有时候训练很辛苦，我就会想到，打排球不仅仅是为了自己，还是集体荣誉的一部分，就会咬牙坚持下去。"

①说说女排精神的内涵。

②联系郎平和朱婷的回答，谈谈个人与集体的关系。

拓展空间

苏霍姆林斯基说："人对于另一个人的责任心在集体生活中的作用，正像用砖瓦建造房屋时水泥浆所起的作用一样：没有水泥浆，就选不了房子，而没有人对人的责任心，也就不存在集体了。"

学校是我们生活的集体。你要在学校承担的责任：＿＿＿＿＿＿＿＿

＿＿＿＿＿＿＿＿＿＿＿＿＿＿＿＿＿＿＿＿＿＿＿＿＿＿＿＿＿＿＿＿＿＿

＿＿＿＿＿＿＿＿＿＿＿＿＿＿＿＿＿＿＿＿＿＿＿＿＿＿＿＿＿＿＿＿＿＿

（6）社会责任

社会责任是我们作为公民应履行的各项责任和义务。承担社会责任，要求我们在日常生活中做到遵纪守法、遵守公共秩序，将所学习到的理论知识与技能运用到社会主义建设中。

阅读感悟

　　2023年,当我国北方发生严重的洪涝灾害时,国内无数明星跻身筹款捐助的行列,大献爱心。其中,尤以韩红成立的爱心慈善基金最受瞩目,他们捐款捐物,始终冲在第一线。自2008年韩红爱心慈善基金成立以来,韩红爱心行动覆盖了大半个中国。她自己捐款累计超过了四千万元,通过基金会所募集的善款达到了十亿元。不仅如此,她在自己的社交平台上公示了所有的善款,善款的去向一目了然。这些数字带来的,不仅仅是"善的意义",更是韩红心怀天下的大爱与责任。

　　①这些明星在抗击洪灾的过程中承担了什么责任?

　　②当洪灾来临时,你可以为灾区做点什么?

　　(7)爱国责任

　　先天下之忧而忧,后天下之乐而乐。　　　　　　　——《岳阳楼记》

　　爱国主义是中华民族精神的核心,是中华民族生生不息、薪火相传的精神基因。五千多年来,中华民族能够经受住无数难以想象的风险的考验,始终保持旺盛的生命力,与中华民族有着深厚的爱国主义传统是密不可分的。中国古代家国一体,崇尚"亲民如子,爱国如家",中国人把对父母的孝扩展到对国家的忠,形成了深厚的爱国主义情感。这种爱国主义情感,最直观地体现在中华儿女"以天下为己任""天下兴亡,匹夫有责"的民族忧患意识和历史责任感之中。

阅读感悟

宋代的时候,有个品德十分高尚的政治家叫范仲淹。他从小胸怀大志,期望将来能做治国安民的宰相,为国家出力;或者做一个医生,为百姓治病。他对别人说:"只要是能造福百姓、有益于国家的事,我就愿意做。"之后,范仲淹做了官,还真当了一段时期的宰相。他为官清正廉洁,很受好评。有一年,他到泰州做管盐仓的小官,见海水泛滥,百姓受难,就提议修海堤,还亲自参加运土、夯土工作。不料母亲去世,按规定他必须回家服丧。可身在家中,心在海堤,他不断写信去帮忙出主意。海堤修成了,当地人们为感激他,把堤叫作范公堤。

几年以后,范仲淹进京城做官。他看到不对的事就批评,还主持改革,结果得罪了人,好几次被贬,被排挤出京。可他从不计较个人得失,不管在什么职位上都做出了成绩。他在一生中用自己的财产置办了许多义庄、买了义田、建了义宅,救济穷人,还办了一些不收钱的学校,让没钱的穷人子弟上学,可他自己的孩子连一件像样的衣服都没有。有人不明白他为什么这样做,他写了一篇《岳阳楼记》,作了回答,表示自己要"先天下之忧而忧,后天下之乐而乐"。

①范仲淹曾言:"先天下之忧而忧,后天下之乐而乐。"请你结合这句话,谈谈范先生是如何处理国家利益与个人利益之间的关系的。

②当个人利益与国家利益发生冲突时,我们应该怎么办?

每个人对自己的祖国,都负有义不容辞的责任。维护国家尊严是每个公民应尽的责任。当国家尊严受到侵犯时,我们应挺身而出,坚决维护国家的荣誉和利益,表现出对祖国、对人民的高度责任感。承担对国家的责任,要求我们在国家有困难的时刻,主动勇担重任,并与国家共渡难关。

(8)环境责任

仁者,生生之德也。"民之质矣,日用饮食",无非人道所以生生者。一人遂其生,推之而与天下共遂其生,仁也。

——《孟子字义疏证》

戴震一再劝诫君王要施行仁政,使社会内部形成互相关爱、互相帮助的和谐而温馨的氛围。戴震把这种博爱精神进一步扩展到自然界,告诫人们对自然资源的开发和利用要适度,要顺应其生长规律,根据具体的节气时令来耕种、捕捞、砍伐,这样百姓就不会对自己的生活有什么不满了。

"顺天应物,天人合一"是我国传统文化中的重要思想。它告诫人们,不要违背自然规律,要在顺应和尊重自然的前提下,在努力改造客观世界的同时,追求人与自然的和谐。这种思想对解决诸如环境污染、生态失衡、基因突变、核威胁等问题有重要的指导意义。

所谓环境责任,指的是我们每个人主动保护自然环境、爱护生态资源的态度。在生态危机日益严重的今天,环境保护的重要性不言而喻,虽然有关环保的法律和政策已经实施多年,但是环境问题依然存在,甚至愈演愈烈。究其原因,是人们对自然过度索取。因此,我们应该树立正确的生态观念和生态法治意识,树立节约环保的理念,热爱大自然,关心生态环境,自觉抵制破坏生态环境的行为。在日常生活中,我们应该提倡绿色的生活方式,将生态环保理念落实到实践中,从生活中的小事做起。

二、身体力行,承担责任

1.潜移默化,在日常生活中承担责任

在我们周围,有很多人在为我们的成长和幸福生活承担着责任,比如医生、护士、警察、军人……正因为他们敢于承担责任、勇于担当,我们的生活才会更加安全,更加温暖,更加充满阳光和希望。

阅读感悟

2020年4月8日,贵州省第八批支援湖北医疗队成员杜富佳在贵阳结束最后一天的观察,在家乡人民的期盼中返回湄潭,继续投入医疗工作。杜富佳是湄潭县人民医院急诊科护士,她的哥哥是"排雷英雄"杜富国。"在雷场上,哥哥面对危险对战友喊'你退后,让我来',这句话一直萦绕在我的脑海里,他永远是我学习的榜样。"杜富佳这样说。

在日常生活中,我们还可以以自己身边的人或者偶像为榜样,学习他们承担责任时的正确做法。

2.团队合作,在集体活动中承担责任

作为学生的我们,是班集体中的一员,那我们能为自己的班集体做些什么呢? 在班集体活动中自觉培养自己的责任意识,提升自己负责任的能力,也是为将来走上工作岗位,作为工作团队中的一员来承担责任提前做好准备。

3.积极行动,在社会实践中承担责任

(1)积极参与志愿者活动

志愿服务的精神,概括起来就是奉献、友爱、互助、进步,每一点都体现了强烈的社会责任感。

奉献:原指恭敬地交付、呈献,即不求回报地付出。志愿者在不计报酬、不求名利、不要特权的情况下参与推动人类发展、促进社会和谐的活动,这种高尚的奉献精神体现了我们的社会责任担当。

友爱:志愿服务精神提倡志愿者无论国界、职业和贫富差距,无论是面对何种文化与民族,我们都要欣赏他人、与人为善、有爱无碍、平等尊重。

互助:志愿服务包含着深刻的互助精神,它提倡"互相帮助,助人自助"。志愿者凭借自己的双手、头脑、知识、爱心开展各种志愿服务活动,帮助那些处于困难和危机中的人。

进步:进步精神是志愿服务精神的重要组成部分,志愿者通过参与志愿服务,使自己的能力得到提升,同时促进了社会的进步。

(2)把握职场体验的机会

①做好职业生涯规划

在正式走上工作岗位以前,提前做好职业生涯规划,可以使我们了解社会发展现状,更加了解自我,准确定位并确立人生目标,知晓自己应负的社会责任。

②认真对待实习机会

实习能够帮助我们尽早了解社会、增长才干、锻炼毅力、培养品格、增强职业责任感,因此我们应该认真对待实习。

阅读感悟

金瑜芳,纺织专业优秀毕业生。2012年,她在绍兴市柯桥区职业教育中心完成学业后开始了实习生涯。这时她才真正明白,她不是最优秀的,没有引以为傲的学历,为此她不能任性,只有踏实勤奋才是唯一的出路。所以当别的同学找工作就像打游击,东放一枪西放一枪时,她扎根在了绣扬公司。

在学校所学的知识和技能,让她一进入绍兴市柯桥区绣扬纺织品有限公司,就担任了设计师一职,主要负责婚纱礼服手绘和窗帘家纺的设计工作。对于初出茅庐的她来说,这是一个机遇同时也是一个挑战,压力很大。刚开始工作的时候,她总是战战兢兢,没想到越想做好越是出错,有时真要急哭了。多亏了班主任老师和实习走访老师的开导和鼓励,他们告诉她,不要怕难为情,嘴巴要甜,工作要勤快,有不懂的多请教公司的老师傅们。嘴甜手快,果然让她获益匪浅,在老师傅们的帮助下,她迅速成长起来了。一年后,她开始独当一面,现在开始与公司的其他伙伴负责新产品的研发,结合潮流,研发新花型。

 拓展空间

①与父母、老师、同学沟通,听听他们对自己承担责任的看法。

②以小组为单位,以"青春之我为伟大祖国做贡献"为主题,组织班级演讲比赛。

体悟哲思

"学酥"进化论

"我以前是一名典型的'学酥',"用柳建军的原话来解释,"'学酥'就是介于'学霸'与'学渣'间的那种学生,他们没有'学霸'的勤奋努力,却比'学渣'强一些。'学酥'们总是把书打开,把笔拿好,做出一副要准备学习的样子,却又总忍不住拿出手机看看微信,打打游戏,顺道发个朋友圈。"

2014年5月25日,11建筑高考班班主任在办公桌上发现了一台手机,手机下压着一张纸,纸上写着:"亲爱的班主任,麻烦您帮我保管一下手机,谢谢!"看着纸上熟悉的笔迹,班主任知道,这台手机的主人是柳建军。此刻,距离技能专业高考还有三十天。

柳建军回忆说:"高一、高二时沉浸在手机的世界里,吃着初中的老本,每次考试也总能稳稳地排在班级的中上位置。"这对他来说是一个"非常令人满意"的位置,比"学霸"活得轻松,比"学渣"有底气。但高三连着两场考试,特别是期中考试的成绩毁掉了他良好的自我感觉,他已经从中间位置滑到了班级的末尾。家人失落的眼神与隐藏在心底的自尊心迫使柳建军意识到自己的问题所在,如果还是如此浑浑噩噩,没有目标地待在高考班,后果将不堪设想。于是他主动上交"罪魁祸首"——手机,强迫自己将重心放到学习上。

柳建军开始调整自己的作息时间,除了正常的学习外,他又挤出了"90分钟"，午饭之前、晚饭之前、睡觉之前各三十分钟，而这些时间以前都被手机"霸占"着。渐渐地他发现，没有了手机的生活，他活得更加充实。曾经在手机游戏、社交聊天中获得的愉悦是一时的，而如今这种充实的生活让他觉得踏实与满足。这之后他"高铁"一般的进步速度让人惊艳，让老师与同学刮目相看。

不久，凭借着优秀的高考成绩，柳建军从千人中脱颖而出，进入了宁波大学，这是建筑高考班学生梦想的本科大学。柳建军依然没有忘记在高中时期的蜕变。与多数刚入校的大学生"天堂来临了"的生活不一样的是，柳建军除了夯实专业基础外，他还去学工办帮忙，参加学校的志愿大队，加入各种各样的校园活动中，提升综合素质。不再沉浸在手机软件、电脑游戏中的柳建军成了寝室同学中的"怪人"，然而柳建军知道，没有谁天生是"学霸"，也没有人生来就是"学渣"。多数学生都如同曾经的他，沉浸在"学酥"的催眠中迷茫无措，但每一个人的成长都是在默默努力中慢慢得到的。

 **古为今用**

1.读了本文后，你有哪些收获和感想？以"勇担社会责任"为题，组织班级演讲比赛。

2.观看《感动中国》中张桂梅的事迹片段，请评价张桂梅老师的行为，并思考她的事迹对你未来承担社会责任带来的启示。

伍 锐意追求，自信自强

诗圣杜甫告诉我们，自信是"会当凌绝顶，一览众山小"的气魄；诗仙李白告诉我们，自信是"天生我材必有用，千金散尽还复来"的豪情；毛主席告诉我们，自信是"自信人生二百年，会当水击三千里"的壮志。只有拥有自信，你才能直面畏惧与恐惧，迎来成功的曙光。

自信是雄鹰凭借展翅凌霄的搏击展示出的豪气，自信是高山凭借傲视群峰的峻拔显示出的巍峨，自信是江河凭借川流不息的奔腾显示出的气魄，自信是当你面对挑战时勇往直前的勇气。

自信是一种力量，天下没有一种力量可以和它相提并论。愚公一颗小小的信心可以撼动巨大的山峰。所以有信心的人，没有所谓不可能办成的事。他们会遭遇挫折和困难，但他们不会灰心丧气。

吟诵经典

知人者智，自知者明。胜人者有力，自胜者强。知足者富，强行者有志。不失其所者久，死而不亡者寿。

——《道德经》

通晓大义

了解他人的人，只能算是聪明；能够了解自己的人，才算是真正的有智慧。能够战胜别人只能算是有力，能够战胜自己的弱点才能算是真正的强者。能够知足而淡泊财物的人才能算是真正的富有。能够自强不息的人才能算是有志气。不失"道"而顺其自然的人才能够长久。肉体死亡但精神仍在者才是真正的长寿。

导航人生

成功人士与失败者之间的差距就是：成功人士始终用最积极的思考、最乐观的精神和最丰富的经验支配和控制自己的人生。一般人都认为不可能的事,你却肯向它挑战,这就是成功之路。信念和想象力的强弱是阻止人们内心无限发展的条件。相信你是天生的赢家。

一、锐意创新,追求卓越

1.打破常规,积极创新

> 苟日新,日日新,又日新。
>
> ——《礼记·大学》

"苟日新,日日新,又日新"是商汤刻在澡盆上的铭文。商汤因为夏桀无道,兴兵讨伐,灭掉夏桀后,将其流放到南巢。商汤在位期间,为了避免自己重蹈夏桀的覆辙,就把一些重要的警示语刻在一些日常所用之物上,以便随时映入自己的眼帘,时时给自己以警戒。那么,为什么商汤要把"苟日新,日日新,又日新"刻在澡盆上呢? 这是因为,洗澡过后,除去了身上的污垢,我们都会有一种焕然一新的感觉。商汤由身体的去垢换新,而引申出精神上的洗礼革新,提醒自己:要像洗澡那样,经常洗去污垢,这样才能保持精神上的洁净和新生。

2013年5月4日,习近平总书记同各界优秀青年代表座谈时,谈到在实现中国梦的生动实践中放飞青春梦想时引用了这句话。习近平总书记说:"广大青年一定要勇于创新创造。创新是民族进步的灵魂,是一个国家兴旺发达的不竭源泉,也是中华民族最深沉的民族禀赋,正所谓'苟日新,日日新,又日新'。生活从不眷顾因循守旧、满足现状者,从不等待不思进取、坐享其成者,而是将更多的机遇留给善于和勇于创新的人们。"

探究与分享

2016年，我国首颗中学生科普小卫星在太原卫星发射基地发射升空。卫星发射前，这个研制团队的同学们给习近平总书记写信报告了小卫星即将发射的消息。不久，他们收到了习近平总书记的回信。

 ①通过互联网查阅回信内容。

②假如你是研制团队的一员，谈谈你读了总书记回信后的感受。

什么叫创新？比别人提前一步是创新，比别人多想个角度是创新，比别人多干几件实事也是创新。什么样的思想决定什么样的生活。

美国银行家杨格有这样的论述："一个天才的头脑是一片沃土和乐园，而且享受着永恒的春天。创造性的作品就是这个春天最美丽的花朵。"画家齐白石在总结经验时说："不要以能诵古人姓名多为学识，不要以善道今人短处为己长。总而言之，要我行我道，下笔要我有我法。"可见，树上没有相同的两片叶子，千人一面是可怕的。而创新带来的多样化则是永远具有生命活力的。

但光有进取的精神、创新的理念，还是不行的。绍兴市柯桥区职业教育中心在培养学生核心素养中提出围绕"自信·创新"素养要求，强化双创实践与心理辅导。学校进一步扩大学生创新创业实践项目，新建了"书咖吧"创新创业项目，在校内外建设"厚励创业创新体验园""学生成长服务中心""实训、创业体验一体的服装智能定判实训中心"等"学业、就业、创业""三业"一体的教育教学特区，培养学生的"双创"精神。同时依托心理辅导室建设学生心理社团，开展学生自助式心理辅导活动，培养学生自主创新的自信心。主动求变是生存之道，应变的前提就是接受、学习和运用新知识，调整发展战略。

创新思维是综合素质的核心。大量的事实表明,古往今来许多成功者既不是那些最勤奋的人,也不是那些知识最渊博的人,而是一些思维敏捷、最具有创新意识的人,他们懂得如何去正确思考,他们最善于利用头脑的力量。因此我们要勇于打破常规,积极创新。

2.锐气不可抛,成功是迟早

锐意进取是指意志坚决地追求上进,下决心强化,力图有所作为。锐意进取是典型的时代精神,全社会都应当大力弘扬,每个人都应该身体力行。

我们在追求创新的过程中,会遇到各种各样的困难与挫折,很多人面对挫折,就会失去人生的自信,再也不愿意去努力,甚至断言自己就是一个失败者,自己和成功无缘。其实,你并没有失败,只是暂时没有成功而已。如果敢于面对"失败",锐意进取,那么成功同样属于自己。

阅读感悟

作为女乒第一代"大魔王"的邓亚萍,她的魅力除了精湛的球技外,还有那股不服输的劲。不管面对什么样的情况,她都不会轻易放弃,而是一次次用实力证明自己。

1982年,九岁的邓亚萍取得了全国业余体校分区比赛的单打冠军。这次获奖让她的父亲邓大松对女儿的乒乓球之路充满了信心,他把邓亚萍送到了河南省队接受专业训练。当时邓亚萍身高不足一米三,步伐和臂展都受到了限制。才过了半个月,河南省队就以邓亚萍的身高太矮为由,把她劝退了。

被河南省队劝退并没有让邓亚萍气馁,反而激起了她那股不服输的劲,她暗暗下定决心一定要让那些否定她的人后悔。之后邓亚萍把训练重心放在如何克服自己的身高劣势上，她在父亲的指导下，每天绑着三十斤的沙袋进行负重练习，不断训练自己的步伐。

1988年，十五岁的邓亚萍再次获得全国青年乒乓球赛女子单打冠军。国家乒乓球队教练张燮林十分看好邓亚萍，希望能把她招进国家队。关于邓亚萍能否进入国家乒乓球队，国家乒乓球队的教练们开了三次会议。会议的中心议题，仍然围绕邓亚萍的身高劣势。张燮林详细记录了邓亚萍的比赛数据，在第三次会议中，他以数据为支撑分析了邓亚萍的优势，终于说服了反对的人。就这样，邓亚萍终于来到了国家乒乓球队，为自己的梦想插上了翅膀。

邓亚萍十四年的乒坛生涯一共拿下了十八个世界冠军，在乒坛排名榜上连续八年稳坐世界第一，成了女乒第一代"大魔王"。二十世纪八十年代末到九十年代末，邓亚萍几乎包揽了各大赛事的单、双打冠军，这段时间也被称为乒乓球的"邓亚萍时代"。

国际奥委会前主席萨马兰奇对邓亚萍有着很高的评价，他认为一个自身条件并不好的女孩，能够长久称霸女子乒坛，这就是奥运精神的最佳诠释。

如果邓亚萍在被河南省队劝退的时候，就自暴自弃，那也就没有属于她自己的乒乓球时代了。正是邓亚萍骨子里不服输的劲，让她成为乒乓球坛的榜样。我们说做人做事需要勇气，但对于年轻人来说更需要锐气。年轻人因其天真无忧，因而做事好胜，锐不可当，虽有莽撞，但锐气不可抛，要明知不可为而为之。

人生就是一个不断尝试和调整的过程，也是一个不断寻找自己成功点的过程，其中难免会有一些曲折。但是，你一定要有这样的信念：在一个真正追求成功的人的字典中，并没有"失败"二字。只要你勇敢地追求，持续地提升，你就同样会拥有梦寐以求的成功!

二、自信自强,笑看输赢

1.自信是成功的前提

自信人生二百年,会当水击三千里。 ——毛泽东

这是毛泽东早年写下的一句诗,抒发了不畏艰难、奋发图强的豪情壮志。习近平总书记曾在讲话中强调:"我们的生活条件好了,但奋斗精神一点都不能少,中国青年永久奋斗的好传统一点都不能丢。"他鼓励新时代中国青年要勇做走在时代前列的奋进者、开拓者、奉献者,毫不畏惧地面对一切艰难险阻,在劈波斩浪中开拓前进,在披荆斩棘中开辟天地,在攻坚克难中创造业绩,用青春和汗水创造出让世界刮目相看的新奇迹。

自信是一生的事情,是一个人热爱自己并不断完善的过程,相信自己即便不是最好的,至少也是独一无二的,毕竟"每个人都是自然界最伟大的奇迹"。

自信是成功的前提,你拥有自信,就拥有成功的一半机会。自信很多时候会帮我们迈出那一步。人生如棋,落子的那一瞬间需要智慧、胆识和勇气。而整盘棋则需要自信来运筹帷幄;没有自信,可能会输得一败涂地——因为即使你想好了下一步也不敢去跨越。所以自信会带给我们成长与收获。

爱默生曾经说过:"自信是成功的第一秘诀。"自信并不意味着没有问题了,一定能赢,而是即使失败了,我也能坦然面对。

而不自信的人往往不敢面对周围所有人,其限制性心态和行为会让他们感觉沉重。这些人通常存在羞耻、内疚、冷漠和恐惧等意识。缺乏自信是一种消极个性,往往会限制成功。假设你正负责一个项目,但缺乏自信,这让你预

测将无法实现预期目标。这种缺乏自信的心态会影响思想和行动，并形成一种潜意识。当不断思考负面结果时，你会忽略应该做的事情，其最终结果是导致自我预言的实现——失败！

阅读感悟

　　刘邦的经历可以说是一个奇迹。秦朝末年，当各地的反秦武装风起云涌时，陈涉、项梁等人都比刘邦更有资本，但是刘邦后来成为反秦义军中最重要的一支力量。秦朝灭亡后，项羽、韩信都有实力独霸天下，或自立一方，但只有刘邦脱颖而出成就大业、登基称帝。从起兵反秦到登基称帝，刘邦遇到的困难一点也不比其他人少，但是所有的问题到了刘邦这里，总会找到解决的方法。即使在最无助的情况下，刘邦也能化险为夷，这是源于刘邦的自信。刘邦的身上，有一股一直向前的韧劲，促使刘邦脱颖而出，走向胜利。

　　根据你的了解，从自信者的言谈举止等方面，说说自信者的风采。

　　自信显然是生活中的一笔资产。它不仅让你有更美好和更积极的心态，还可以帮助你获得想要的东西。有自信，就可以毫不畏惧地追求最大的梦想。它将让你有能力完成各种挑战，让实现伟大目标成为可能。

 拓展空间

　　①制作思维导图，按学习、与人交往等方面分类，并与一个月之前相比，把自己的进步总结一下。

　　②反思一下：这些进步是否给你带来自信？与同学交流分享能让自己增

强自信的方法,并在生活中尝试。

2.自强是意志的体现

寒山有诗云:"自古多少圣,叮咛教自信。"

自强就是不安于现状,勤奋、进取,依靠自己的努力不断向上。自立自强既是中华传统美德,又是一个人自尊自爱的具体体现。充分挖掘中华优秀传统文化中自立自强的思想和精神,对于引导当代学生增强社会责任感和使命感、发扬艰苦奋斗的精神、树立远大的理想信念等具有重要意义。

阅读感悟

东汉时期,有一个人名叫孙敬,是著名的政治家。起初,他因知识浅薄而得不到重用,连家里人都看不起他,这令他大受刺激,于是下定决心认真钻研,经常闭门独自一人发奋读书。他每天从早读到晚,读书时间长了,身体劳累了,还不休息。时间久了,他疲倦得直打瞌睡。他怕影响自己的读书学习,就想出了一个特别的办法。古时候,男子的头发很长。他找了一根绳子,一头系住自己的头发,一头牢牢地绑在房梁上。当他读书疲劳打盹时,头一低,绳子就会牵住头发,并扯痛头皮,如此一来,人马上就清醒了,再继续读书学习。

自强自立、自强不息表现为人具有极强的自信心,以及强烈的社会责任感、家庭和个人的责任感,这是一种为国家、社会、人民、事业而奋发进取的精神。自强自立、自强不息、勇于开拓进取的精神,是中华民族生生不息、永不衰竭的力量源泉。纵观古今中外,不论哪个国家与民族,凡是能够坚持生存、持续发展者,都具有强烈的自强自立、自强不息意识和开拓进取精神。近代中国被动挨打,越来越落后,甚至沦为半殖民地半封建社会,原因之一,就是失去了自强自立、自强不息的意识和勇于开拓的进取精神;今日中国蒸蒸日上,国际地位显著提高,就是源于这种精神。"天行健,君子以自强不息。"人生是不可能一帆风顺的,难免会碰钉子。这所谓的"钉子"就是挫折,我们只有勇敢地战胜困难,磨炼意志,才能自强。

自信,让我们保持一种健康的心理状态;自强,让我们努力向上,奋发图强。自信是一个人做人的态度,自信能够帮助你获得成功。但在生命中,难免会遇到各种各样的问题,我们在克服困难中取得进步。人唯有在这种自忧自喜、不断自强的日子里,才能品味到生命的意义和充满活力的人生。自强不息让生命更精彩。

3.笑看生命中的输与赢

塞翁失马,焉知非福。　　　　　　　　　　　　　——《淮南子·人间训》

"塞翁失马,焉知非福",是指灾难与幸运可以在一定的条件下互相转化,世界瞬息万变,人可以因祸得福,也可以因福得祸。塞翁失马的故事说明,世事多变,坏事可以变成好事,好事也可以转变成坏事。因此人们应当在无尽的欲望中保持清醒,少一些苛求,多一些自足。生活并不会遵从某一个人的意志发展,改变随时可能发生,但积极地面对改变会让你发现更好的机遇。

阅读感悟

玺书劳异曰:"赤眉破平,士吏劳苦,始虽垂翅回溪,终能奋翼黾池,可谓'失之东隅,收之桑榆'。方论功赏,以答大勋。"

——《后汉书·冯岑贾列传第七》

"失之东隅，收之桑榆"讲的是事物在特定条件下是可以相互转换的，对于指导人们的思想和行动大有裨益。这句古语与"塞翁失马，焉知非福"有异曲同工之妙，讲的都是不要因为失去一些东西而灰心丧气，而应当审时度势，因势利导，变不利为有利。世界上的万事万物总是不断运动变化的，打仗没有常胜将军，做买卖也不能保证只盈利不亏损，做事难以一帆风顺。因此，既要有拥抱欢乐和胜利的思想准备，也要有败走麦城、重整旗鼓、东山再起的精气神。

不计一时之得失，乃成大事之吉兆。人生，就是一个不断得到、不断失去的过程，有得有失实属平常。智者千虑，必有一失；愚者千虑，必有一得。朝廷发下一封用印章封记的文书来慰劳冯异。这源于冯异得到的时候不骄傲自满、失去的时候不怨天尤人，也源于他东征西讨的实践。

坦然接受得失是迈向成功的第一步。命运所给的奖励，一直在暗中寄送。世事纷纭，得失难测。即使我们曾经失之东隅，暂且失去，只要我们不放弃，坚持努力，那么，最终也会收之桑榆，达成目标。

论智力，论情商，屎壳郎远不及人类；但是，面对生活中突然出现的难题，屎壳郎解决问题的态度却值得人类学习。虽然屎壳郎不懂输赢，但是它明白这样一个道理：推得过去是生活，推不过去一样也是生活。

人生有顺境也有逆境，不可能处处是逆境；人生有巅峰也有谷底，不可能处处是谷底。因为身处顺境或巅峰而趾高气扬，因为身处逆境或低谷而垂头丧气，都是浅薄的。面对挫折，如果只是一味地抱怨、生气，那么你注定永远是个弱者。锐意追求，自信自强，笑看生命中的输与赢！

体悟哲思

华罗庚中学毕业后，因交不起学费被迫辍学。回到家乡后，他一面帮父亲干活，一面继续顽强地读书自学。不久，他又身染伤寒，生命垂危。他在床上躺了半年，病愈后，却留下了终身的残疾——左腿的关节变形，瘸了。当时，他只有十九岁，在那迷茫、困惑，几近绝望的日子里，他想起了受膑刑后著兵法的孙膑。"古人尚能身残志不残，我才只有十九岁，更没理由自暴自弃，我要用健全的头脑，代替不健全的双腿！"青年华罗庚就是这样顽强地和命运抗争。白天，他拖着病腿，忍着关节剧烈的疼痛，拄着拐杖一颠一颠地干活；晚上，他在油灯下自学到深夜。1930年，他的论文在《科学》杂志上发表了，这篇论文惊动了清华大学数学系主任熊庆来教授。之后，清华大学聘请华罗庚当助理员。在名家云集的清华园，华罗庚一边做助理员的工作，一边在数学系旁听，还用四年时间自学了英文、德文、法文，发表了十篇论文。二十五岁时，他已是蜚声国际的青年学者了。

古为今用

1.结合个人实际，谈谈你将如何面对学习、生活和就业中的各种压力。

2.围绕自信主题出一份手抄报。

 「每日一席话」追求"慎独"的高境界

《礼记》有云："莫见乎隐，莫显乎微，故君子慎其独也。"党员干部要"慎独"。党员干部特别是领导干部手中往往掌握一定的权力，不仅要主动接受组织、制度的监督，而且还要不断加强自律，做到台上台下一个样，人前人后一个样，尤其是在私底下、无人时、细微处，更要如履薄冰、如临深渊，始终不放纵、不越轨、不逾矩。刘少奇同志在《论共产党员的修养》中就将"慎独"作为党性修养的有效形式和最高境界加以提倡。他说："即使在他个人独立工作、无人监督、有做各种坏事的可能的时候，他能够'慎独'，不做任何坏事。"党员干部都要努力做到"慎独"。首先，要坚定理想信念，树立明确的政治方向，遵守鲜明的政治原则，珍惜个人的政治生命，以形成内在的"定力"。其次，要时刻反躬自省，就像古人讲的"吾日三省吾身"，自重、自省、自警、自励，洁身自好，存正祛邪，注重修身养德，增强防腐拒变的"免疫力"。同时，还要办事公开透明。党员干部也是普通的人，难免存在各种弱点，会犯各种错误，而阳光是最好的防腐剂，只要办事讲民主、讲程序、讲纪律，避免暗箱操作、上下其手，就能减少各种诱惑的"渗透力"，防腐拒变才不会成为一句空话。

（摘自《之江新语》）

陆 志存高远，勇于追求

　　青年的人生之路很长，前进途中，有平川也有高山，有缓流也有险滩，有丽日也有风雨，有喜悦也有哀伤。心中有阳光，脚下有力量，为了理想能坚持、不懈怠，才能创造无愧于时代的人生。诸葛亮曾说过："夫志当存高远。"人必须树立远大的志向，如果志向不确立，那么什么事情也干不成。而且，人都有惰性，你求上，有可能居中；你求中，则有可能居下；而你若求下，则必定不入流。所以我们在起步的时候，立志必须高远，要学雄鹰展翅飞，不效燕雀安于栖。只有这样，你的潜能才能被激发出来，逐渐走向辉煌。当然，事业的成功并不是一蹴而就的。我们在胸怀远大志向的时候，也要立足自身，脚踏实地。

吟诵经典

　　志不立,天下无可成之事。虽百工技艺,未有不本于志者。……志不立,如无舵之舟,无衔之马,漂荡奔逸,终亦何所底乎?

——《教条示龙场诸生》

通晓大义

　　志向不能树立,天下便没有可做得成功的事情。即使是各种工匠和拥有技能才艺的人,也没有不是靠立定志向学成的。一个人如果没有树立远大的志向,就像没有舵木的船,就像没有衔环的马,虽然也在漂流,也在奔逃,最后又到什么地方为止呢? 一个人如果没有树立远大的志向,世间就没有可以成就的事业。

　　具有不同世界观和人生观的人有着不同的志向。无产阶级的最终目标是实现共产主义,并以此作为最远大的志向。从个人来说,志向主要通过选择职业来体现,个人应选择社会需要的、最能发挥个人特长的职业作为志向,并为实现志向而努力奋斗。

导航人生

一、树立理想,求真务实

1.爱岗敬业,打好人生基础

居之无倦,行之以忠。

——《论语·颜渊》

"居之无倦,行之以忠"意思是说,居于官位不懈怠,执行君令要忠实。这虽是儒家的治世思想和为官之道,但对于如今的人民公仆来说,也是为政之基、为官之德。首先,"居之无倦"是为政之基。其本意是指做人一定要坚守自己的职位,爱岗敬业,勤勉尽责,忠于职守,永不懈怠。这体现的既是一种孜孜以求、坚持不懈的敬业精神,也是一种乐以忘忧、乐此不疲的工作境界。其次,作为人民公仆,"居之无倦"是尽职工作的基本准则。一个人对待自己的职业要有责任心、有兴趣,要发扬爱岗敬业的精神,专心致志地将其做圆满,"乐业"的心绪是对待职业的最佳心态。

阅读感悟

有两个机器修理工在工作之余聊天,他们一个年纪轻,一个看上去有些老了。这时,正好董事长来巡视他们所在的车间,董事长对老修理工热情地打了声招呼:"嗨,你还好吗?"那位老修理工回答说:"噢,董事长先生,我很好,谢谢您的关心。"

董事长从他们身边离开后，年轻的工人吃惊地望着老修理工："你居然认识董事长先生?"

老修理工回答："二十多年以前，我和他在同一个工厂修理过机器。当时我们是十分要好的搭档。可是如今他已经成了董事长。"

"而你一直……"年轻的工人满脸疑惑地看着老修理工，在疑惑中似乎还夹杂着另一层意思。

老修理工理解小伙子的言外之意，他不好意思地告诉小伙子："当时我们每天只挣三十元钱，那时我成天想的就是如何用自己这三十元钱来维持生计，我正是为了这三十元钱才逼迫自己工作的；而他是真的很喜欢这份工作，他每天想的是机器维修好后怎样运转，除了修理机器外，自己还应该干什么……"

听完老修理工的讲述，年轻的工人喃喃地说："所以直到现在，你还在修理机器，而他却成了公司的董事长。"

热爱工作、爱岗敬业，是很多人取得成功的不二法则。当一个人热爱自己的工作时，他便会全身心地投入工作当中。这时候，他的自发性、主动性、创造性、专注精神等对工作的利好因素，便会在工作的过程中表现出来，他就能够把工作做到最好。

这就是喜欢与不喜欢自己的工作所带来的差别。老修理工因为只将工作看成为生计而不得已去做的事，所以他永远只能是一名修理工。而那个搭档，因为喜欢上自己的工作，全心全意地投入工作之中，最终从一名修理工成为一家公司的董事长。有一点可以肯定，那就是当我们喜欢上自己的工作时，将工作做好以后就能获得更好的发展。

开始一份工作需要的是热情，完成一份工作需要的则是敬业精神。缺少热情，工作无法开始；没有敬业精神，工作不能完成，实现理想更无从谈起。

敬业使一个人工作愉快有活力。它使人视工作为乐事，全心全意地做好工作，并从中获得成功的喜悦。敬业的人一定乐业，而乐业的人往往能成功。在被动的情况下，你不可能提高工作质量，也不可能在工作中发挥才能。敬业的人有一种认真的工作态度和坚持的工作作风。古人坚持"一日不做，一日不食"，勤勤恳恳地把工作做好，把它当作与生命意义密切相关的问题来看待。也正是因为如此，敬业的人，一生都绽放着活力和光彩，而带着一颗敬业的心工作的人，也必将成就自我。

 拓展空间

 ①漫画中的人为什么令我们感动？

②寻找身边的劳模并分享他们的主要事迹，谈谈他们的共同特征。

所谓"知之者不如好之者,好之者不如乐之者"。古往今来,凡在事业上有所成就的人,都离不开这两条:一是强烈的事业心和责任感;二是锲而不舍的努力和奋斗。这两条有机结合,就形成了敬业精神。只有这样,才能激发人的潜能,激励人实现自己的奋斗目标。

2.求真务实,提高专业技能

博学之,审问之,慎思之,明辨之,笃行之。　　　　　　——《礼记·中庸》

"笃行"出自《礼记·中庸》中的"博学之,审问之,慎思之,明辨之,笃行之"一语。从字面上解释,"笃"是"厚实、真实、忠诚、专注"等意思,有"忠贞不渝、踏踏实实、一心一意、坚持不懈"之意;"行"是"走、做、从事"等意思。"笃行"即指"切实履行、专心实行、行为踏实"等,指对事业专心致志、锲而不舍、知难而进、勇往直前,也包含百折不挠、愈挫愈勇的精神。

"博学之,审问之,慎思之,明辨之,笃行之"是儒家所倡导的学习五法,说的是为学的几个层次和几个递进的阶段。"博学之"指为学首先要广泛猎取,培养旺盛的好奇心。好奇心丧失了,为学的欲望也会随之而消亡,博学遂为不可能之事。"博"还意味着博大和宽容。唯有博大和宽容,才能兼容并蓄,具有世界眼光和开放胸襟,真正做到"海纳百川,有容乃大"。因此,"博学"乃为学的第一阶段。跳过这一阶段,为学就是无根之木、无源之水。"审问"为第二阶段,有所不明就要追问到底,要对所学持有怀疑。"慎思"为第三阶段,问过以后还要通过自己的思想活动来仔细考察、分析,否则所学将无法为自己所用。"明辨"为第四阶段,学是越辨越明的,不辨,则"博学"就会鱼龙混杂、真伪难辨、良莠不分。"笃行"是为学的最后阶段,既然学有所得,就要努力践行所学,使所学最终有所落实,做到"知行合一"。只有目标明确、意志坚定的人,才能真正做到"笃行"。"行"是最重要的一方面。只有"行"，优秀的品德、学到的东西才能显现出来。"行"是我们"学"的目的和归宿。学习五法启示我们，只有广博地学习、审慎地询问、慎重地思索、明晰地辨析、踏实地履行，才能真正达到理想的学问境界和人生境界。

事实上，从工作中获得快乐、成功和满足感的秘诀，并不在于专挑自己喜欢的事情做，而是喜欢自己所从事的工作，认真工作，努力钻研，从而把工作做好，同时还能获得领导的赏识。

如果一个人无法认真工作，不管他的条件有多好，都会让成功的机会从身边溜走。如果一个人对工作持敷衍了事的态度，不愿意潜心提高自己的专业水平，那么他就很难在工作中成长，从而获得成功。

阅读感悟

有三个建筑工人同时接到了盖一座房子的任务，他们马上开始设计、准备材料、动手盖房。第一个工人干着干着就不耐烦了，"反正这房子也不是给我住的，根本就不值得我费那么大的劲"，于是他敷衍了事，草草完工，房子怎么看怎么不顺眼，没有人愿意住，也没有人敢住。

第二个工人干了一会儿之后也感到无聊了，他觉得自己的工作实在是太低微了，没有人看得起自己，也没有什么前途。不过，他想：既然拿了老板的工资，就有责任把房子盖好。于是，他强迫自己认真干活。房子盖好了，看起来非常牢固。

第三个工人却是越干越喜欢自己的工作，他觉得盖房子对他来说简直是一种享受，他想象不出还有什么事情比亲手盖一座温馨舒适的大房子更让人有成就感。他甚至想象自己在盖好房子以后，在房屋前后种一些花草，弄一个花圃。那时一家人高高兴兴地住进来,在里面其乐融融地喝着热气腾腾的茶,是多么的幸福啊。他越想越开心,也越来越有干劲。不久以后,一座颇具田园情调的房子盖好了,成了公司的样板房。此后每逢有人来这家建筑公司参观时,老板都把他们带到这座房子跟前。

等他们三人的房子盖好以后,公司开除了第一个工人,留下了另外两个,不过第二个工人的工资和各种福利与第三个有差距。五年以后,第一个工人彻底失业了,没有一家公司愿意聘用他;第二个工人仍然靠自己的老本行维持一家人十分节俭的生活;而第三个工人成了全市著名的建筑大师,他设计的房子既漂亮又实用耐住,受到了人们的普遍欢迎。

第三个工人能够成为建筑大师,在于他的专业技能。专业技能的高低对于员工在该行业中的成长具有关键作用,决定了员工创造价值的大小,决定了领导的信任和器重的程度。可以说专业技能是实现个人成长的阶梯,无论你是普通员工,还是一个工程师,都要以这阶梯来打开通往成长道路的大门。

任何人都不可能脱离专业技能之本而空谈发展之路,专业技能决定了你的职业价值。现代社会的竞争如此激烈,如果你不能做到熟练地掌握专业技能,实现人生价值也就无从谈起。

3.树立理想,确立职业目标

燕雀安知鸿鹄之志。

——《史记·陈涉世家》

每一个走向成功的人,无疑都会面临一个选择方向、确定目标的问题。忽视目标定位的人,或是始终确定不了目标的人,他的努力就会事倍功半,绝难到达理想的彼岸。有了目标,人们才会下定决心攻占事业高地;有了目标,深藏在内心的力量才会有"用武之地"。

阅读感悟

"北冥有鱼，其名为鲲。鲲之大，不知其几千里也。化而为鸟，其名而鹏。鹏之背，不知其几千里也；怒而飞，其翼若垂天之云。是鸟也，海运则将徙于南冥。""蜩与学鸠笑之曰：'我决起而飞，抢榆枋而止，时则不至，而控于地而已矣，奚以之九万里而南为？'"

——《逍遥游》

上述文字翻译过来就是："北海里有一条鱼，它的名字叫鲲。鲲非常巨大，不知道有几千里。鲲变化成为鸟，它的名字就叫做鹏。鹏的脊背，也不知道有几千里长；当它振动翅膀奋起直飞的时候，它的翅膀就好像挂在天边的云。这只鸟，大风吹动海水的时候，就要迁徙到南方的大海去了。"蝉和斑鸠讥笑它说："我从地面急速起飞，碰到榆树、檀树之类的树木就停下来，有时或者还飞不到树的高处，就落在地上，为什么要飞上数万里的高空再向南飞呢？"

那些心中有着远大理想的人常常是不能为常人所理解的，就像目光短浅的斑鸠无法理解大鹏之志一样，更无法想象大鹏靠什么飞往遥远的南海。因而，像大鹏一样的人必定要比常人经受更多的艰难与曲折，忍受更多心灵上的寂寞与孤独。

对于人生而言，努力很重要，但是更重要的是选择努力的方向。很多时候我们已经很努力，可是成绩并不让人乐观，这就是弄错了方向。一粒种子的方向是冲出土壤，寻找阳光；而一条根的方向是伸向土层深处，汲取更多的水分。人生亦是如此，正确的方向让我们事半功倍，而错误的方向会让我们误入歧途，甚至耽误一生。

有目标的人，会产生一股巨大的无形力量，将自身与事业有机地融为一体。一个人要成功就要设定目标，没有目标是不会成功的。目标就是方向，就是成功的彼岸,就是生命的价值。

而目标的设定也是需要技巧的。当你确立了自己人生的终极目标之后,你就应该为了你的终极目标制定多个向总目标一步步接近的具体目标,然后慢慢实现一个个小小的具体目标,最后达到终极目标。

 拓展空间

幼儿园小朋友小米:警察叔叔抓坏人很厉害,我长大了要当警察。

小学生小华:我最喜欢语文老师,长大后我也想成为一名人民教师。

初中生小明:我的梦想是能够环球旅行。

中职生我:……

①今天,你的梦想是什么呢?

②你将如何来实现它呢?

4.制订计划,规划职业生涯

凡事豫则立,不豫则废。言前定则不跲,事前定则不困,行前定则不疚,道前定则不穷。

——《礼记·中庸》

豫通预。预,指事先做好计划或准备。事预则立,是说无论做任何事,事前有准备才可能成功,没有准备就会失败。说话前先有所准备,就不会词穷理屈,站不住脚。做事前先有所准备,就不会遇到很大的困难和挫折。提前规划好路线,就不会迷失方向和找不到出路。预,是主动作为,为将来做打算,体现的是长远眼光和自我警醒。

阅读感悟

《战国策》记载:晋国权臣智伯欲伐卫,送了四百匹野马和一块白璧,以麻痹卫国。卫君和群臣不知是计,都很高兴,南文子却说:"没有功劳就受到赏赐,没费力气就得到礼物,不可不慎重。"卫君把南文子的这番话告诉边境将领,让他们加强戒备。智伯果然来袭,可到了边境一看,卫国军备严整,又返回去了。智伯失望地说:"卫国有贤人,预先知道了我的计谋。"

制订计划是一种很好的行为,它能有效地引导我们的行动,使我们的生活变得井井有条。没有一个明确可行的工作计划,必然会浪费时间,要高效率地完成工作就更不可能了。欲成就一番事业,拥有一个成功的人生,必须对自己的职业生涯有个合理规划,这样你才会有坚定的目标,能够扬长避短,朝着这个目标不断前进。

社会的开放与发展决定了我们的一生当中,很可能会从事多份不同的工作。也许每过几年就会换一次工作,或者是单位内部调动,或者跳槽到其他单位,或者干脆转行,这些情况都有可能发生。面对这么多的变化,你现在的知识和技能最终都会被时间所淘汰。为了使自己不被淘汰,你必须不断学习新的知识和技能。

为了能够在以后拥有高质量的生活,我们必须在哪些方面非常优秀?只有对自己的未来有所规划,你才会有一个美好的未来,而预测未来的最好方法就是自己规划未来、创造未来。

职业生涯规划的目的绝不只是协助个人实现个人目标,更重要的是帮助个人真正了解自己,并进一步评估内外环境的优势、劣势,在"衡外情,量己力"的情况下,设计出合理且可行的职业生涯发展方向。

一个完整的职业规划由职业定位、目标设定和通道设计等要素构成。首先要根据自身的兴趣、特点，将自己定位在一个最能发挥自己长处的位置，选择最适合自己能力的事业；其次根据自己定位的职业设定短期和长期目标；最后就是具体规划职业生涯，常用的方法是"五问法"，即"我是谁""我想干什么""我能干什么""环境支持或允许我干什么""自己最终的职业目标是什么"。通过回答这五个问题将自我职业生涯规划列出来，形成个人发展计划书，在以后的日子里通过努力奋斗，并根据个人需要和现实变化，不断调整职业发展目标与计划，一步步实现自己的职业理想。

我们找到一份工作，意味着求职历程的暂时结束，也是一个人职业生涯的开始。工作的目的并不仅仅是混口饭吃，因此求职者要坚决摒弃那种"有钱赚就好"的想法，必须在求职之初就为自己的职业生涯做好规划，这样才可能使你的人生更精彩。

 拓展空间

在生活中，你会为实现梦想付出怎样的努力？

我的计划	未来三年里，我最大的梦想：
	为了实现梦想，需具备的品质：
	我需要做的准备：
	我目前可以开始的行动：

二、勇于追求,敢为人先

1.不断学习,善于总结,勇于实践

学而时习之,不亦乐乎?　　　　　　　　　　　　　——《论语·学而》

无论你从事什么职业,如果你想取得成功,就要提高自己的价值,而最直接的手段就是不断学习。

学习是贯穿一个人终身的行为,是一个人一生的追求。无论你处于什么环境之下,无论你已经是什么年纪,无论你是从事什么职业,也无论你已经掌握了多少知识与技能,学习对于你来说,永远都仅仅是开始,而绝不会是结束。

阅读感悟

春秋时代,晋国国君晋平公问太宰师旷说:"我现年七十岁了,还想学习,恐怕是晚了!"师旷说:"您为什么不点燃蜡烛照明呢?"晋平公说:"哪有做人臣的随便与国君开玩笑的呢?"师旷说:"我这个瞎子大臣怎么敢与国君开玩笑呢? 我听说,年少而好学,就如同早晨初出的朝阳;壮年而好学,就像升入中天的太阳;老年而好学,好像是点燃的蜡烛的光亮。点燃蜡烛照明,不是比在黑暗中行走要好得多吗?"晋平公说:"对啊!"

学习永远都不会迟。智者云:"书山有路勤为径,学海无涯苦作舟。"学习没有捷径,只有养成随时学习的习惯,持之以恒,日积月累,才能成为有成就的人。

人的价值提升虽然依赖于不断学习,但并不是在学习中自然而然提升的,还必须加上认真总结,反思经验和教训。工作有好坏,经验和教训也要一分为

二:既要总结工作中的成功经验,又要总结失败的教训,从中分析错误的原因,形成改进的措施,经验和教训缺一不可。

阅读感悟

有个渔夫有着一流的捕鱼技术,被人们尊称为"渔王"。然而"渔王"年老的时候非常苦恼,因为他三个儿子的捕鱼技术都很平庸。

于是他经常向人诉说心中的苦恼:"我真不明白,我捕鱼的技术这么好,儿子们的技术为什么这么差?我从他们懂事起就传授捕鱼技术给他们,从最基本的东西教起,告诉他们怎样织网最容易捕到鱼,怎样划船最不会惊动鱼,怎样下网最容易'请鱼入瓮'。他们长大了,我又教他们怎样识潮汐,辨鱼汛……凡是我长年辛辛苦苦总结出来的经验,我都毫无保留地传授给了他们,可他们的捕鱼技术竟然赶不上技术比我差的渔民的儿子!"

一位路人听了他的诉说后,问:"你一直手把手地教他们吗?"

"是的,为了让他们得到一流的捕鱼技术,我教得很仔细很耐心。"

"他们一直跟随着你吗?"

"是的,为了让他们少走弯路,我一直让他们跟着我学。"

路人说:"这样说来,你的错误就很明显了,你只把技术传授给了他们,却没把教训传授给他们。对于才能来说,没有教训与没有经验一样,都不能使人成大器。"

我们总结经验时,还要善于总结他人的失败教训,其中有的是我们没有经历过的,完全可以挪为己用,通过总结,将其转化为自己的东西。所谓"他山之石,可以攻玉"就是这个道理。

总之,如果想取得成功,在学习和总结之余,必须积极行动。动手实践,永远比说空话更有影响力,能使人信服。无论你所处的是什么位置,你要做出成绩,就必须积极行动,全力以赴。

先贤曾经说过,"坐而言不如起而行"。虽然行动不一定能带来令人满意的结果,但不采取行动就绝无满意的结果可言。

"与其浪费力气在这里骂天,不如为自己撑起一把伞。"智者的话对我们来说,不失为一句"醒世恒言"。坐着不动是永远改变不了现状的,也是永远做不成事业的。只有傻瓜才寄希望于天上掉馅饼。俗话说:"一分耕耘,一分收获。"只有勇敢实践才是改变现状的捷径。

 拓展空间

生1:学习书本知识更重要,只有学习更多的知识,才能为社会做出更大的贡献。

生2:实践更重要。没有实践经验,书本知识学得再多也没有用。

 谈谈你对上述观点的看法。

2.重视过程,关注细节

天下难事必作于易,天下大事必作于细。　　　　　　　　——《道德经》

处理问题要从容易的地方入手,在细微之处成就大事。天下的难事,必从容易的做起;天下的大事,必从细微处着手。也就是说,做任何事情必须从基础入手,趁早抓紧有利时机做好准备,而且要认真对待,不可麻痹大意。

细节如丝,一丝断则衣服破;细节如根,一根裂则大树残;细节如桥,一桥毁则交通堵。只有抓住细节,才能达到最终目的。青年有着大好机遇,关键是要迈稳步子、夯实根基、久久为功。心浮气躁,朝三暮四,学一门丢一门,干一行弃一行,无论是为学还是创业,都是最忌讳的。成功的背后,永远是努力。青年要把艰苦环境作为磨炼自己的机遇,把小事当作大事干,一步一个脚印往前走。滴水可以穿石,只要坚忍不拔、百折不挠,成功就一定在前方等你。

我们在生活、学习或是工作中,往往会把结果看得十分重要,往往会无时无刻地关注着那个目标,并竭尽全力向目标不断前进。我们往往会把结果看得太重,因而忽略了走向目标的过程。但当我们失败后,停下脚步,回顾过去,才发现在向目标不断前进的过程中,我们早已走错了方向。也许是我们在过程中忽略的一个或几个关键部分,使我们与成功失之交臂。

阅读感悟

春秋时,齐桓公帮助燕驱逐山戎,事成,燕庄公对齐桓公感激涕零,亲自送齐桓公出燕,恋恋不舍,不知不觉已经送入齐境。桓公说:"非天子,诸侯相送不出境,吾不可以无礼于燕。"于是划地割燕庄公所至之齐地与燕。"非天子,诸侯相送不出境"是周的礼节,桓公拘泥于如此小小礼节,白送给刚刚接受了自己莫大恩惠的燕数十里土地。

一叶知秋,小中见大。失败常常从忽视非常细小的地方开始;成功则往往从重视做好每一个细节中获得。现实中的工作都是由一件件的小事情组成的,只有把一点一滴都做好了,才有可能成就大事业。

有些人会觉得日复一日地干一些简单枯燥的工作,整理一些琐碎的资料很无聊,因此消极怠工,办事拖拉,认为这些事情能轻易完成,在最后时刻再干也不迟。正是这些想法,使得许多人无法顺利完成任务,甚至惹下麻烦、耽误工作。其实,只有在这些看似简单其实复杂的"考题"中顺利通过,我们才会不断得分,最终迎来职业生涯的辉煌。

3.抓住机遇,大胆筹划,小心实施

臣闻来而不可失者,时也;蹈而不可失者,机也。

——《代侯公说项羽辞》

来到了一定不要放弃的,是时运;遇到了一定不要错失的,是机会。这说明机会难得,不能错过,多用来告诫人们抓住机会以成就事业。每个人的面前都曾有过成功的机遇,然而大部分人都没能及时抓住它。机遇出现时往往戴着一层面纱,或者只有细小的苗头,我们若是没有做好准备或是没有主动出击,就会与它失之交臂。

阅读感悟

秦末,陈胜出身贫苦农民家庭,但少有壮志。公元前210年,秦始皇病死,宦官赵高伪造秦始皇遗诏,立秦始皇小儿子胡亥当傀儡皇帝,赵高篡夺大权,对人民进行更加残酷的压迫和剥削。秦王朝大规模征发贫苦农民守边服兵役,建造宫殿,进行水陆运输和从事各种苦役,给人民造成了极大的伤害。公元前209年,陈胜、吴广等九百名贫苦农民一起被征发去戍守渔阳,因路上遇大雨,道路被冲垮,因而无法按期到达。按暴秦的法律,误期都要被处死。陈胜看到自己的处境,看到全国人民对暴秦的憎恨,决定抓住这个时机动员戍边卒杀掉押送他们的秦朝军官。揭竿为旗,以木棍、锄头为武器,率领这支九百人的农民武装反抗暴秦。起义后，马上得到广大人民群众的支持。广大农民自带干粮，纷纷加入起义军队伍，起义军迅速扩大，攻城略地，势如破竹。最后终于推翻了暴秦的统治。

机遇总是伴随着困难和挑战而生，如果不需要付出就能成功，就没有成功和失败一说，不要在等待中消磨时光，想到就要去做。我们可能有过这样的想法，觉得身边某个人也没有什么特别的，甚至在好多方面还不如自己，可偏偏他取得的成绩就比你多很多，这是因为他们不怕失败，敢于尝试。

绝大多数时候，那些看起来不可能完成的事情，或者以为结果会很糟糕的事情，在你真正动手去做以后，其结果往往是正面、积极的。也就是说，当你不再害怕、不再犹豫之后，失败就开始害怕你，而成功却开始青睐你——失败害怕勇于行动的人。

当然，勇敢行动并不是让人鲁莽行事，而是让你明白，要想获得成就与业绩，只有行动起来——目标明确且持之以恒地去行动。

通往成功之路并非一帆风顺的，有失亦有得，只要我们拥有积极的心态，就可以战胜困难，摔倒了再爬起来，失败也没有什么了不起的。

不敢正视失败，就等于迷失了航向。试想，每一种目的都是彼岸，而你在此岸。如隔一条小河，轻轻一跨就会过去。如隔一条大江，就难以泅渡，要是缺乏横渡的工具，只好望"江"兴叹。所以，并不是所有的目的都会达到，这就需要正视失败，并总结经验。人如果能正视失败，就会及时总结经验，从而保持上进心，并开创一片新的天地，拥有美好的人生。

体悟哲思

成败取决于自己

某城镇正在举行一年一度的电单车比赛，众多选手陆续到来。有许多竞赛好手提前两三个星期到当地训练，以适应现场的环境。

在众多好手中，有三个人生观不同的青年。

第一个相信宿命论。有一次，他在竞赛时滑倒了，无论他后面如何拼搏都没有改变失败的结果。此后，每遇比赛一旦他不幸滑倒就会自动弃权，因为他认为那是命中注定的。他将整个竞赛的成败寄托于冥冥中的"命运"。

第二个青年，从小就随着父母朝拜三国时的"关公"。每次竞赛之前，他一定跟从父母到附近的关公庙里去烧香，并询问结果。这次参赛前，他也跟父母去了庙里，询问的结果是他这次一定可以成功夺得冠军。

最后一个青年，是第一次参赛。他这次参赛是为了夺冠，以赢得丰厚的奖金，好让他重病的母亲到外国去治疗。他每天都勤奋地练习，跌倒了，又爬起来，他不断鼓励自己：我一定能得到冠军！他将这场比赛的胜利，掌握在自己手中。

不久，比赛开始了。一声枪响，上百名选手往前冲去。现在，让我们将注意力放在那三个年轻人身上。

第一个青年在比赛开始后不久，因路滑而跌倒，他便将单车推到路旁，很无奈地看着许多竞争者从他的眼前疾驰而过。"唉,这是上天的安排,有什么办法呢。"他无奈地说。

第二个青年因有"神"的保佑而拼命向前冲。突然,在一个转弯处,他一不留神,发生了意外,人仰车翻,不省人事。当他的父母从电视上看到这个情景时,很生气地赶到那间庙堂去责问:"你说关老爷保佑我的儿子平安无事,一定得冠军。你看他现在已发生了意外,关老爷到底有没有保佑他?"那青年的父母很生气地说。而庙里的人刚从午睡中醒来,揉着眼说:"唉,关老爷已尽力在旁帮助你儿子了,当他要跌倒时,便尽力赶去扶助他,但他骑的是电单车,关老爷骑的是马,怎么追得上呢?"

至于第三个竞赛者,他也很拼命。一旦跌倒了,他又赶忙爬起来,忍痛继续冲刺。滚滚沙尘,炎炎烈日,均无法阻挡他那颗炽热的心。由于他将成败掌握在自己手中,最终他夺得了冠军。

 **古为今用**

1.分组讨论,你支持下列哪种说法?理由是什么?

甲说:"找工作赚钱就行,尤其是在就业形势严峻的情况下,没有必要再谈职业理想了。"

乙说:"找工作一定要找到自己喜欢的再做,不喜欢做的工作多没意思。"

丙说:"找工作难,只要找到能做的我就做,先赚钱养活自己,这样不用向父母要生活费了。"

丁说:"我们读书后总归是要走向社会的,既要找一份求生的工作,又不能放弃自己的追求,否则人生多没意义。"

2.结合你所学专业来定位你的未来理想,从而形成一份符合自己实际的职业生涯规划。

「每日一席话」追求"慎独"的高境界

坚定理想信念,坚守共产党人精神追求,始终是共产党人安身立命的根本。对马克思主义的信仰,对社会主义和共产主义的信念,是共产党人的政治灵魂,是共产党人经受住任何考验的精神支柱。形象地说,理想信念就是共产党人精神上的"钙",没有理想信念,理想信念不坚定,精神上就会"缺钙",就会得"软骨病"。现实生活中,一些党员、干部出这样那样的问题,说到底是信仰迷茫、精神迷失。

革命理想高于天。没有远大理想,不是合格的共产党员;离开现实工作而空谈远大理想,也不是合格的共产党员。在我们党的历史中,一代又一代共产党人为了追求民族独立和人民解放,不惜流血牺牲,靠的就是一种信仰,为的就是一个理想。尽管他们也知道,自己追求的理想并不会在自己手中实现,但他们坚信,只要一代又一代人为之持续努力,一代又一代人为此做出牺牲,崇高的理想就一定能实现,正所谓"砍头不要紧,只要主义真"。今天,衡量一名共产党员、一名领导干部是否具有共产主义远大理想,是有客观标准的,那就要看他能否坚持全心全意为人民服务的根本宗旨,能否吃苦在前、享受在后,能否勤奋工作、廉洁奉公,能否为理想而奋不顾身去拼搏、去奋斗、去献出自己的全部精力乃至生命。

(摘自《求是》杂志)

参考文献

［1］习近平.论坚持全面依法治国［M］.北京:中央文献出版社,2023.

［2］新时代公民道德建设实施纲要［M］.北京:人民出版社,2019.

［3］李健.老子生命道学［M］.北京:中国文史出版社,2022.

［4］郭永秉.中华经典通识《老子》通识［M］.北京:中华书局,2022.

［5］杨伯峻.论语译注［M］.北京:中华书局,2006.

［6］李泽厚.论语今读［M］.天津:天津社会科学院出版社,2007.

［7］余秋雨.周易简释［M］.北京:北京联合出版公司,2021.